LIVRET

DE

FAMILLE

ET

CAUSERIES

PAR

UN GRAND-PÈRE

ANGERS

IMPRIMERIE LACHÈSE ET DOLBEAU

4, chaussée Saint-Pierre, 4

1884

LIVRET DE FAMILLE

2490

Cette brochure n'a été tirée qu'à un très petit nombre d'exemplaires.

LIVRET

DE

FAMILLE

ET

CAUSERIES

PAR

Un GRAND-PÈRE

ANGERS

IMPRIMERIE LACHÈSE ET DOLBEAU

4, chaussée Saint-Pierre, 4

—

1884

EUGÈNE BORÉ

SUPÉRIEUR GÉNÉRAL DES LAZARISTES

Né à Angers, le 15 août 1809, mort à Paris,
le 3 mai 1878

~~~~~~~~~~~

Il va de soi que je place en tête du livret de famille, chers enfants, le portrait de votre grand oncle Eugène Boré. L'épisode suivant justifierait mon choix, même en dehors de l'affection que nous avions l'un pour l'autre.

L'éminent M. Le Play, une des lumières du siècle dans les questions sociales, s'adressant un jour à Léon Boré :

« Veuillez, je vous prie, me présenter à votre frère. »

— « Volontiers, fit Léon, mais à quoi bon ? Eugène vous connaît. »

— « C'est égal, présentez-moi, car je ne me défends pas « d'une respectueuse timidité à l'égard de celui qui, plein de « vertus et de talents, occupe le siège de saint Vincent de « Paul et commande à trois mille Lazaristes, à vingt mille « religieuses, tous pionniers de la civilisation chrétienne et « française. Après le Pape, votre frère, sans exagérer, est « une puissance morale de premier ordre. »

Autrefois, il était d'usage dans certains foyers domestiques d'avoir un *livre de raison* sur lequel on inscrivait les baptêmes, les mariages, les décès et les petits événements. Nous connaissons des généalogies de braves bourgeois presqu'aussi bien tenues que pourraient l'être des généalogies de familles illustres. Était-ce vanité ? Non, puisque ces *livres dits de raison*, retraçaient l'origine modeste de ceux qui les tenaient. De plus nobles sentiments animaient cette coutume : la solidarité morale dans les actes de la vie commune et surtout le grand respect à l'égard des parents.

On revient à ces sortes de listes d'actes de l'état civil, du moins j'ai vu récemment, à l'imprimerie Lachèse et Dolbeau, des cahiers préparés à cet effet.

Rattachons-nous donc à ce qui peut redevenir un bon usage et commençons, chers enfants, par la famille de votre grand'mère, née Faultrier. Politesse et affection m'y poussent.

On dit *arbre généalogique.* C'est bien, en effet, un arbre avec ses *hautes, moyennes* et *basses branches.* Des membres d'une même famille, les uns s'élèvent par le mérite et les vertus, les autres s'abaissent par l'infortune ; enfin, il en est qui se maintiennent

simplement stationnaires par l'économie et le travail.

Dans la famille de votre grand'mère on trouve
tous ces degrés.

En rédigeant ce livret je crois être aussi l'inter-
prète des sentiments du bien bon et bien spirituel
oncle Meslay, ancien notaire à Laval.

Les documents qui me servent, je les lui avais
prêtés, il les avait fait copier, il espérait les mettre
en œuvre, la mort le surprit ; c'est donc en réalité
sa pensée que j'exécute. S'il n'est plus là pour me
conseiller, son souvenir du moins, guidera ma
plume. Ce livret, bien que primitivement réservé
pour la seule famille Faultrier, devra comprendre
aussi les familles Godard, Grignon et Poitou qui se
réfèrent à votre parenté, chers enfants.

Vous ne serez pas fâchés non plus de savoir que
nous devons nos meilleurs renseignements sur la
famille Faultrier, à Claude-Mathurin-Jérôme Faultrier de la Clergerie, bachelier en droit vers 1778 et
ancien magistrat, aïeul de ma femme. Le *cahier
généalogique* qu'il nous a laissé est tout entier écrit
de sa main ; la rectitude des lignes et la netteté de
l'écriture indiquent déjà, par avance, la ferme rédaction du texte et donnent confiance au récit, ainsi
qu'à la sûreté des dates ; c'est un excellent réper-
toire de ce qui se réfère à sa famille. On sent que
tout y est à sa place. Claude Faultrier était, en effet,
un homme judicieux dont les habitants du Lion
recherchaient les conseils, aussi se crut-il obligé de
se mettre à la disposition des journaliers et ouvriers

à peu près chaque soir, et en cela il ne voulait seulement que leur être utile, n'ayant jamais convoité leur appui pour l'obtention de quoi que ce soit. Le souvenir de ses bienfaits lui survécut longtemps au Lion et l'affectueuse confiance qu'on eût en lui se traduisit par un seul adjectif : le *vénéré* M. Faultrier. Je vous laisse sur ce mot, chers enfants, me bornant à vous dire qu'il naquit à Sainte-Gemmes, près Segré, le 10 juillet 1750 et mourut au Lion le 2 janvier 1830.

FAMILLE FAULTRIER

~~~~~~~~

Voici plus de deux siècles, un sieur Faultrier, originaire de Gascogne, *contrôleur ambulant des aides*,
laissa postérité sur la paroisse de Saint-Martin-
du-Bois (arrondissement de Segré).

Un contrôleur ambulant, d'après l'*Encyclopédie*,
« était un préposé des fermiers généraux, qui faisait
« une ronde dans plusieurs bureaux dont il avait le
« département et dont il contrôlait les registres et
« les recettes. »

Cette charge modeste n'était pourtant point dédaignée, puisqu'on trouve des nobles qui l'exerçaient. Par exemple : un sieur Leroyer de Chantepie
occupait cette charge en Anjou, vers 1772.

De ce Faultrier, contrôleur, naquit :

Claude Faultrier, mari de dame Catherine Thibault, décédée à Louvaines. De cette union naquit :

Mathurin Faultrier, né à Saint-Martin-du-Bois,
le 31 juillet 1686, décédé à la Jaillette, le 7 août 1751.
Il avait épousé, à Louvaines, le 7 octobre 1721,

Louise Boury, née au dit Louvaines, le 19 octobre 1698 et aussi décédée à la Jaillette, le 5 décembre 1770. Elle était fille de Joseph Boury et de Marie Courcier, mariés à Louvaines, le 18 novembre 1687 et petite-fille de Louis Courcier sieur de la Chetardière et d'Anne de Sevillé. Sevillé est un hameau de la commune de Châtelais : *Feodum de Sivilliaco.*

Louise Boury appartenait à la noblesse. En effet, nous lisons au folio 8 du cahier généalogique trouvé dans nos papiers [1], le passage suivant : « La « famille Boury est originaire de Suède et noble. « Le père pour une affaire d'honneur dans laquelle « succomba son adversaire se retira en Suisse ; il « eut trois fils. Les fils de son adversaire vinrent « les trouver en Suisse pour venger la mort de leur « père ; ils succombèrent ; après quoi les trois frères « Boury se refugièrent en France : l'un habita les « environs de Paris, un autre l'Anjou et le troisième « s'établit en Bretagne. »

Louise Boury était apparentée au sieur Verdier de la Miltière, conseiller au présidial d'Angers [2]; à Nicolas Boury sieur de la Fauvelaie [3], original sans pareil, qui avait épousé à Angers, en 1793, une demoiselle de Terves avec laquelle il ne vécut que trois semaines, ayant divorcé. Il habitait souvent les Plaines, près d'Angers, où il avait la réputation de sorcier, faisant entendre, disaient de vieilles

---

[1] Voir cahier de Claude-Mathurin-Jérôme Faultrier.
[2] Folio 9 verso du cahier précité.
[3] Folio 11, id.

femmes crédules, des bruits de chaînes durant la nuit. On ajoutait qu'il avait en horreur les prêtres et les médecins, ce qui ne l'empêchait pas de faire de la médecine désintéressée au grand profit de plusieurs; j'en sais quelque chose pour mon compte personnel; chaque année mon père et moi, par reconnaissance, allions lui faire visite aux Plaines. Plus tard je fus avertis, si je lui présentais ma femme, de ne pas la nommer; j'appris par là qu'il se souciait médiocrement de ses parents. Il y parut bien par le don qu'il fit de sa fortune à des étrangers. Qui ne se rappelle ce fameux procès intenté par la famille de Préau où Chaix d'Est-Ange et Dupin captivèrent le tribunal et l'assemblée?

Revenons à Louise Boury pour dire que par son grand-père maternel, Louis Courcier de la Chetardière, elle avait des liens d'affinité : « 1° avec René « Lezineau, écuyer, conseiller du roi, docteur et « professeur à la faculté des droits canonique et « civil en l'Université d'Angers, dont est issue la « famille Lezineau [1] ; 2° avec René de Dieusie, dont « est sortie la famille de Dieusie [2]. »

Louise Boury avait également des liens d'affinité « avec un sieur Bucher, décédé à la Violette, fils de « Bucher sieur de Chauvigné [3].

Se rattache à la famille Boury un prêtre de ce

---

[1] Folio 2 du cahier généalogique. Cette famille a donné un maire à la ville d'Angers de 1677 à 1679. Voir *Armorial des Maires*, par Lambron de Lignim.

[2] Cahier généalogique, folio 2.

[3] Id., folio 14.

nom qui, après avoir été soldat, s'associa, vers 1658,
avec les abbés Lecerf et Artaud, afin d'organiser un
asile pour les retraites ecclésiastiques, asile qui
devint un véritable séminaire où l'évêque, dès 1660,
obligea les clercs à passer trois mois... Boury élu
supérieur mourut le 22 avril 1664 [1].

Dans les anciennes familles il était rare qu'il n'y
eût pas un prêtre. On ne s'étonna point de trouver,
lors de la reconstruction de l'église de Louvaines,
vers 1858, le corps de Claude Faultrier, nommé
curé du dit lieu en novembre 1701, décédé le 25 septembre 1723, âgé de 52 ans, il était beau-frère de
Louise Boury, dame dont nous allons suivre la
descendance ; mais auparavant il nous faut parler
des lieux où s'établit la famille Faultrier. Ce fut
d'abord à Saint-Martin-du-Bois dès avant 1671.
Tout près se trouve Louvaines où nous voyons
qu'y décèdent Catherine Thibauld et son fils l'abbé
Claude.

Dans la même paroisse, à petite distance de
l'Oudon, rive gauche, en un lieu solitaire se trouve
la *Jaillette*, lieu placé sur l'ancienne voie romaine
d'Angers à Rennes et orné d'une chapelle fondée
vers la fin du xiie siècle, par Geoffroy Lostoir, retour
des croisades.

Là, tout porte au recueillement, le cimetière
cotoye *la grand'rue*, y sont inhumés Mathurin Faultrier et Louise Boury : c'est ici que la famille, vers

[1] Maupoint, *Vie de Mgr Montault*, pp. 370-371. Port, *Dictionnaire historique*.

le commencement du xviii° siècle, paraît avoir
choisi plus spécialement sa résidence ; elle l'occupait encore vers 1855 dans la personne de dame
Thérèse Faultrier, née Bessin [1], intelligente et
sainte femme à qui convenait cette solitude qu'elle
embellissait de sa charité envers l'église et de son
amour pour les pauvres, sans oublier celui qu'elle
avait tant aimé, dont la tombe était sous ses yeux,
le deuil constamment sur elle et jusque dans la
teinte sombre de son mobilier, mais bien plus
encore, inutile de le dire, dans le plus intime de
son cœur. Sainte femme d'une suprême distinction,
d'une aménité charmante et d'un conseil solide.

Cette propriété de famille, à la Jaillette, est
encore entre les mains d'un parent : M. Émile Queruau-Lamerie, juge suppléant au tribunal civil
d'Angers, auteur d'intéressantes brochures sur la
période révolutionnaire.

Ajoutons qu'il existait, en quittant la route de
Laval, vers main gauche, à la bifurcation de deux
voies, l'une menant à *Saint-Martin-du-Bois* et l'autre
à la *Jaillette*, une grande croix de bois tombée de
vétusté où se lisait le nom d'un Faultrier qui l'avait
fait dresser. Était-ce en souvenir des deux localités
où la famille avait successivement vécu ?

Ces divers lieux auxquels il convient d'ajouter
Sainte-Gemmes, près Segré, étant indiqués, il nous
faut retourner à Mathurin Faultrier et à Louise

---

[1] Morte le 6 décembre 1855, d'après Marie Roallière, sa femme
de confiance, qu'elle honorait d'une estime méritée.

Boury de l'alliance desquels sont issus deux garçons et une fille :

1° Claude-Joseph Faultrier, né à la Jaillette, le 23 septembre 1724, décédé à Angers, paroisse de la Trinité, le 13 novembre 1776, marié à Sainte-Gemmes, près Segré, le 30 septembre 1748 avec demoiselle *Thérèse-Gabrielle Poilpré*, fille de Henry Poilpré et de Marie-Thérèse Guyon ; la dite Gabrielle décédée à Angers, paroisse Saint-Maurice dans la Cité, au mois de juin 1794 ;

2° *Ollivier-Jacques-Émélie Faultrier*, né à la Jaillette, le 3 mai 1729 ; curé de Combrée en décembre 1758 ; retiré à Angers après 1780 et noyé dans l'hiver de 1793 à 1794, martyr de sa foi ;

3° *Lucie-Anne Faultrier*, également née à la Jaillette, décédée à Angers, paroisse Saint-Samson, vers 1794 ou 1795, mariée à la Jaillette avec *Pierre Boreau sieur de la Besnardière*, né à Thorigné en 1733, décédé à Angers, paroisse Saint-Jacques, le 29 mai 1783, fils de Pierre Boreau sieur Deslandes et d'Anne Buchet, de Gené.

Des personnes que nous venons de citer, plusieurs sont dignes d'attention et méritent d'avoir une mention spéciale.

Thérèse-Gabrielle POILPRÉ

Elle appartenait à une famille bien posée qui compta dans ses rangs : un procureur du roi au grenier à sel d'Ingrandes [1] ; un contrôleur des traites au même lieu ; un commissaire des guerres ; trois religieuses dont une bénédictine et deux carmélites, l'une de ces dernières, bienfaitrice de la maison des carmélites d'Angers ; un subdélégué dans la même ville ; un avocat au Parlement ; un curé de la Chapelle-sur-Oudon ; enfin un « Gabriel « Poilpré, conseiller, marié à une Louet dont sont « issus les Poilpré de Baugé [2]. »

La famille Louet se prétendait originaire de Provence ; elle descendait de Pierre Louet, maître d'hôtel du roi René, établi en 1426, en Anjou ; Ménage la déclare la première famille patricienne d'Angers [3].

Cela dit, reprenons ce qui concerne Thérèse-Gabrielle Poilpré. De Claude-Joseph Faultrier elle n'eut pas moins de sept enfants qui eurent des destinées diverses, son mari ne connut pas les désastres de la Révolution ; il en fut autrement de sa femme. Elle approchait de sa soixante-huitième

---

[1] Un portrait de ce procureur est possédé par M. Théobald Bellouis, juge honoraire à Angers, l'un des descendants maternels de M. Faultrier-Poilpré.

[2] Voir nos papiers de famille.

[3] Port, *Dict. hist.*, au mot *Louet*.

année, lorsqu'on la jeta dans les prisons d'Angers, naturellement en qualité d'aristocrate. (*Voir aux notes.*) Quelques extraits de lettres[1] nous mettront au courant de ce qu'elle y souffrit à son âge avancé.

Elles sont sans date mais se rapportent à l'année 1794 et aux lieux où les révolutionnaires la tinrent captive à Angers : tout d'abord au *séminaire*[2] et ensuite aux *carmélites*[3]. Les deux lettres écrites de cette dernière maison ont le plus d'intérêt. En voici quelques passages :

« Des Carmélites d'Angers, ce 14 de ce mois.

« Ma chère et bien-aimée Lacoudre,

. . . .

« J'ai été fort incommodée dans la semaine sainte
« et celle d'après Pâques d'un grand dégoût... que
« j'ai attribué au nombre des malades avec qui
« j'étais dans notre appartement, mais grâce à Dieu

---

[1] De ces lettres, au nombre de cinq, relatives à la prisonnière, trois sont d'elle et deux de Mᶫˡᵉ Faultrier-Lacoudre, sa fille Marie-Adelaïde-Rosalie, née à Sainte-Gemmes, près Segré, le 30 août 1751, qui ne s'étant point mariée, devint une bienfaitrice du séminaire d'Angers, sous l'épiscopat de Mᵍʳ Montault.

Toutes ces lettres ont été remises en 1847 à ma femme par Mᵐᵉ Faultrier, née Bessin, qui en les lui adressant écrivait : « Ma
« chère nièce, je veux te donner un témoignage de mon amitié,
« je te préviens qu'il n'est point de nature à flatter la vanité ni
« l'ambition ; ce sont de modestes lettres de nos pieux et si bons
« parents. Elles sont de ma grand'mère Faultrier, de ma tante
« Lacoudre. » (Une sixième est de Mᵐᵉ Prévost.)

[2] Rue Courte.

[3] Rue Lyonnaise.

« je me suis mieux portée depuis que l'on nous a
« changé de maison... C'est aux *Carmélites* que l'on
« nous a transportées où je me plais bien mieux
« qu'au *Séminaire;* et nous sommes au nombre de
« cinq cents ou plus; nous espérions sortir la se-
« maine dernière, mais un ordre vint pour faire par-
« tir le président et autres juges à Nantes. Ils doivent
« rariver ces jours et renvoyer tous ceux qui doivent
« être renvoyés, j'espère que je serai du nombre...
« J'ai la satisfaction de voir ma pauvre Bancelin [1]
« qui s'est donné des soins continuels pour me faire
« sortir... J'espère, ma chère amye, que ce sera ces
« jours, l'on vient de me le dire... Grâce à Dieu j'ai
« soutenu cette petite pénitence avec courage. J'en
« vois, ici, qui ont plus grand sujet de se plaindre
« que moy qui n'ai manqué de rien... car je suis
« bien reconnaissante de ce que tu m'as envoyé :
« *volailles, pigeons, etc...* J'en ai fait part à bien de
« de nos pauvres malheureuses... Je fais de la
« soupe aux plus malades... Mais comme mon
« dégoût n'est pas encore tout à fait passé surtout
« pour le pain que je trouve toujours amer, ma Ban-
« celin m'en apporte. Ne m'envoye point de lé-
« gumes, il y en a une grande provision dans nos
« jardins où nous allons nous promener quand nous
« voulons... »

---

[1] Sa fille Marguerite-Françoise Faultrier, née à la Jaillette, en
avril 1760, épouse, *en premières noces*, de René Bessin, procureur
auprès du présidial d'Angers avant 1785, *et en secondes noces*,
d'Esprit-Benjamin Bancelin, également procureur au même siège
avant 1789.

Autre lettre de la même à la même.

« Je t'assure que mes nouvelles n'ont point été
« bonnes depuis quinze jours... J'ai eu la consola-
« tion de voir notre pauvre Gothon[1] qui se donne
« tous les soins pour moi, mais qui n'a pu encore
« *obtenir ma liberté.* J'ai fait demander de nous
« donner la ville pour prison... malheureusement il
« se trouve toujours des obstacles. Comme je vois
« qu'il n'y a pas d'apparence que je puisse m'en
« retourner à présent, je te prie, chère amie, de me
« renvoyer des provisions. etc., etc... tu me feras
« un petit pain de seigle... et une miche de fro-
« ment... Je te prie, ma chère Lacoudre, de m'en-
« voyer des draps, quatre serviettes, etc., etc...
« Nous avons été seize dans le même appartement
« et nous n'avions point de linge... Les puces nous
« accablent.

« Si tu pouvais trouver deux livres de sain, il
« faudrait en demander chez quelques-unes de nos
« bonnes métayères, ce serait pour faire la soupe à
« tous les pauvres malades... tu pourrais trouver une
« demi-charretée de fagots et nous l'envoyer par
« bateau ; il est trop rare et trop cher ici... tu m'en-
« verras, aussi, deux paquets d'asperges... un bon
« biqueton tout entier... par Martin, car je pense
« que Jean n'oserait venir[2].

[1] Marguerite Bancelin.
[2] A cause de ses opinions royalistes.

« Adieu, ma chère Lacoudre, je suis en peine de
« ta santé, j'espère que je vais en reprendre une
« nouvelle ; il n'y a eu que le mauvais air de nos
« malades qui nous a causé un dégoût tel que je ne
« pouvais, du tout, manger... Ne vous inquiétez
« pas, ma chère fille, nous sommes en grande et
« bonne compagnie de six cents, etc., etc... »

Ces extraits suffisent à donner une idée de l'intérieur d'une prison politique en 1794.

Assez sur Thérèse-Gabrielle Poilpré [1], passons à
son beau-frère, autre victime de la Révolution.

L'abbé Olivier FAULTRIER

Olivier-Jacques-Émélie Faultrier naquit à la Jaillette, le 3 mai 1729.

D'un bail qu'il passait en l'année 1758, de fermes
lui appartenant sur la paroisse d'Aviré, résulte qu'il
était alors vicaire de la paroisse Saint-Maurille
de la ville d'Angers [2]. En décembre de cette même
année, suivant notre *cahier généalogique*, il aurait
été appelé à la cure de Combrée, mais d'après
M. Port ce fut en 1760 [3]. Autre différence de dates ;

---

[1] Sortie de prison, elle mourut trois mois après dans une
maison faisant face au grand portail de la cathédrale d'Angers.
[2] Nos papiers de famille, liasse de Carqueron.
[3] Port, *Dict. hist.*, au mot *Combrée*.

suivant nos papiers de famille, Olivier Faultrier
aurait cessé d'être curé de Combrée en 1780 et selon
le *Dictionnaire historique* en décembre 1784 ; d'après
M. Boussien [1] son dernier acte de baptême signé
comme curé serait de décembre 1785. Quoi qu'il en
soit, M. Port nous apprend qu'Olivier Faultrier
« célébra le 31 mai 1772, la translation d'une par-
« celle de la Vraie-Croix donnée à son église de
« Combrée. »

Laissons parler, maintenant, M. Boussien qui,
sur la demande de notre oncle, M. Meslay, avait
bien voulu se charger de s'enquérir sur le compte
de l'abbé Faultrier. Nous ne pouvons mieux faire
que de citer des extraits de sa lettre de 1853.

. . . .

« M. Faultrier, dit-il, nourrissait et habillait
« presque tous les pauvres de la paroisse... Avant
« de quitter Combrée il annonça en chaire, la rési-
« gnation qu'il avait faite de sa cure, en faveur de
« M. Robert, son vicaire... Il se retira à Angers,
« près de l'église Saint-Pierre, dont il fut chanoine,
« au moins honoraire.

« Il était propriétaire de la ferme de la Barre,
« près d'Angers ; il y avait une maison de campagne
« et était possesseur de la chapelle des saints de la
« Barre, du moins il en avait la clef. Jeanne Dali-
« bon et une autre ouvrière qui furent à Angers
« apprendre un état, à l'époque où il y demeurait

[1] D'une lettre de M. Boussien, curé de Combrée, en date du
20 décembre 1853 à M. Meslay, notaire à Laval.

« et qui allaient passer le dimanche chez lui, ont été
« plusieurs fois, conduites par ses domestiques, voir
« les saints de la Barre [1].

. « Lorsque les prêtres qui avaient refusé le ser-
« ment furent obligés de se rendre à Angers,
« comme prisonniers, M. Robert, son successeur et
« son ancien vicaire, alla loger chez lui. .

« Quand M. Robert fut pris pour être déporté,
« M. Faultrier fut laissé comme prêtre trop âgé. Je
« croyais, continue M. Boussien, qu'il était du
« nombre des cinquante-huit prêtres angevins que
« Francastel expédia à Carrier et qui furent noyés
« à Nantes, dans la nuit du 9 au 10 décembre 1793,
« ou du nombre des quinzes autres qui furent expé-
« diés avec les prêtres du diocèse de Nevers, le
« 13 mars 1794 ; mais une circonstance de la mort
« de M. Faultrier m'en fit douter et me porte à
« croire qu'il a été noyé, un peu plus tard, à la
« Baumette, près d'Angers. Plusieurs personnes de
« Combrée, dont l'une morte l'année dernière (1852)
« à l'âge de 93 ans, m'ont attesté qu'il avait été
« noyé à la Baumette [2].

« Comme M. Faultrier avait conservé beaucoup
« de rapports avec ses anciens paroissiens, dont il
« avait emporté les regrets, et que sa maison était
« l'hôtel de ceux qui allaient à Angers, je suis porté
« à ajouter foi à cette version.

[1] Jusqu'à la Révolution la maison de la Barre dépendait de
l'abbaye de Saint-Nicolas d'Angers, M. Olivier Faultrier n'en
pouvait donc être propriétaire, mais seulement locataire.
[2] Voir *le Champ-des-Martyrs*, édition de 1855, pages 112-113.

« M. Faultrier était très affable et d'un abord
« facile. »

L'esquisse rapide que M. Boussien vient de faire
de ses qualités qui toutes se résument dans *bonté,
charité, hospitalité* et *sacrifice* ne peut pas ne pas
être vraie pour ceux qui connaissent le portrait de
la victime.

Ce portrait à l'huile et sur toile est au logis de la
terre de La Touche, arrondissement de Segré, en
la possession de M. Queruau-Lamerie. Une copie
faite par Mme Meslay, veuve de M. Amédée Meslay,
conseiller à la Cour de Rouen, est aux mains de
M. Théobald Bellouis, juge honoraire ; tous parents
de l'abbé Olivïer Faultrier. Ma femme en possède
un daguerréotype à elle donné par sa tante de la
Jaillette, qui lui portait une vive affection. Ce respectable prêtre avait une sœur qui va faire l'objet
d'une autre mention.

Lucie-Anne FAULTRIER et Pierre BOREAU
DE LA BESNARDIÈRE

Dame Lucie-Anne Faultrier que l'ennoblissement
de son mari sous Louis XVI (1779), les acquisitions
des châteaux de Martigné-Briand et des Noyers
(1782), sans compter la construction de l'hôtel de la

Besnardière (1781-1784), avaient placée dans une
situation relativement élevée, s'était mariée à la
Jaillette, son lieu de naissance, avec Pierre Boreau
vers 1754.

L'agriculture et l'industrie jointes à une certaine
aisance patrimoniale, furent l'origine de cette situation. En 1758, ils sont possesseurs de la haute Besnardière, commune de Miré [1]. C'est de ce lieu qu'ils
paraissent avoir pris le nom de Besnardière qu'ils
ont depuis conservé. Après avoir eu notàmment
une fille, décédée le 20 décembre 1755, âgée de
cinq mois [2], leur naquit un fils le 27 mai 1760 à
Chanteussé [3], dont nous parlerons plus tard.

Pierre Boreau de la Besnardière était à la tête
d'une manufacture de toile à voile, dans le faubourg
Saint-Samson ; mais il s'enrichit, surtout, par la
ferme de riches domaines ecclésiastiques, entre
autres de ceux de l'évêché d'Angers, sous Mgr de
Grasse, et de l'île de Saint-Aubin [4]. Aussi prenait-il
la qualité de négociant, ce qui n'empêcha pas que
pour ses grands services, en agriculture et industrie, il ait été ennobli, — ou mieux à cause de cela,
— par le duc d'Orléans. Un arrêt de la cour des
aides, du 19 décembre 1779, lui confirma la noblesse,
et le Conseil de ville d'Angers conclut à ce que ses
lettres de provision fussent enregistrées dans son
greffe [5].

[1] M. Port, *Dict. hist.*, au mot *Besnardière.*
[2] Renseignements donnés par M. Queruau-Lamerie.
[3] Port, au mot *Boreau.*
[4] Id.
[5] Blordier-Langlois, *Angers et l'Anjou*, page 340.

Il eut le bon esprit de ne pas répugner à joindre son ancienne qualité de négociant à celle d'écuyer. Ses armes sont décrites, avec celles de son fils, dans l'*Armorial général de l'Anjou*, par Joseph Denais, 111ᵉ fascicule, page 224.

Deux années après son ennoblissement M. de la Besnardière acquit les terres des Noyers et de Martigné-Briand que sa descendance, la famille de Monticourt, possède encore.

Ce fut vers la même époque qu'il fit commencer, sur les plans de son ami Bardoul de la Bigottière, le magnifique hôtel dit de la Besnardière, à Angers, s'obligeant en même temps à faire construire la levée qui porte encore son nom près de l'église Saint-Serge ; mais la mort le surprit et son hôtel ne fut complètement achevé que par sa veuve Lucie-Anne Faultrier. Il mourut âgé de 50 ans dans une maison qu'il possédait près de la porte Saint-Nicolas d'Angers.

Les affiches du temps [1] ne tarirent pas en éloges. On y lit :

« Le 31 du mois de mai dernier (1783) a été « inhumé en la paroisse Saint-Jacques, M. Pierre « Boreau de la Besnardière, écuyer de S. A. S. Monseigneur le duc d'Orléans.

« Qu'il nous soit permis de consacrer dans nos « feuilles les regrets universels qu'a causé dans « cette province la perte de ce citoyen utile et res-

[1] Affiches d'Angers (6 juin 1783) publiées chez Mame, imprimeur de Mᵍʳ l'Évêque, rue Saint-Laud. Bibliothèque d'Angers.

« pectable... Si nous osons, ici, nous faire les inter-
« prètes de la douleur de nos concitoyens, c'est que
« les témoignages n'en ont pas été équivoques et
« qu'en cette occasion, la perte d'un particulier a été
« regardée comme une calamité publique.

« Animé du désir d'être utile il avait fait con-
« naître à cette province des richesses et des res-
« sources qu'elle ignorait. Partout où son activité a
« pu se porter, l'agriculture et le commerce en ont
« ressenti les effets... »

La poésie ou plutôt la versification s'en mêla et
dans les mêmes affiches (1er août 1783), c'est-à-
dire plus de deux mois après son inhumation, nous
lisons :

« Éloge de feu M. de la Besnardière, en vers
libres. » (Pas n'était besoin de le dire.)

Le poète débute ainsi :

> « Muses ! quittez vos brillantes couleurs,
> « Mes yeux obscurcis par les pleurs, etc.
>
> . . . .

Le reste sur ce rythme-là.

Les quatorze derniers vers, sans valoir beaucoup
mieux, ont cependant le mérite de faire connaître
M. de la Besnadière par le côté de ses sérieuses
qualités :

> « Humble, vertueux et sensible,
> « Du malheureux il se montra l'appui.
> « Il ne trouvait rien d'impossible,
> « L'obstacle fuyait devant lui.

« Une heureuse et noble industrie
« Fit fleurir sous ses mains, le commerce et les arts ;
  « Les ressources de son génie
  « Brillaient à travers les hasards.
  « Un sens droit, un esprit solide
  « Lui firent accueillir et juger les talents
  « Et ce qui fait son éloge, en tout sens,
  « Jamais l'envie au teint livide,
  « N'a, de son haleine fétide,
  « Flétri la fraîcheur de ses ans. »

Dix mois après la mort de de la Besnardière sa veuve et leur fils Pierre-Urbain-Lezin, alors âgé de 23 ans, purent habiter l'hôtel de leur nom, en continuant de l'embellir de perspectives habilement ménagées sur les prairies de Saint-Serge, des Fours-à-Chaux, de Reculée et de l'île Saint-Aubin.

A cet effet, ils obtinrent d'une voisine, moyennant de grands sacrifices, que ses arbres seraient arrachés, et que désormais, il ne lui serait permis non plus qu'à ses héritiers et ayants-droit de construire si ce n'est à hauteur limitée [1].

Lucie-Anne Faultrier vécut en son hôtel environ dix années, c'est-à-dire jusqu'en 1794 ou 1795, paroisse Saint-Samson, laissant au milieu de nos plus grands troubles civils, son fils alors âgé d'en-

[1] D'un acte de transaction du 18 mars 1784, devant *Le Duc et Fourmont, notaires*, controlé à Angers, le 27 mars, même année, passé entre dame *Lucie-Anne Faultrier*, veuve de Pierre Boreau de la Besnardière, écuyer de la Chambre de Mgr le prince duc d'Orléans, et *négociant*, d'une part ; et dame Marie Boivin, veuve de Mathurin Pécot, aubergiste, d'autre part.
Une copie est en nos mains ; nous en devons la teneur à M. Théobald Bellouis.

viron 33 ans. Un témoin de ces temps malheureux
existe encore au fond de la salle à manger du dit
hôtel ; en effet, durant le siège d'Angers, vers
décembre 1793, un boulet de canon, parti de la rive
droite de la Maine contre les Vendéens placés sur la
rive gauche, traversa l'une des fenêtres, puis alla
se fixer dans le mur intérieur de la dite salle ; on l'y
conserve avec soin.

Si nous avons consacré divers paragraphes à
Thérèse-Gabrielle Poilpré, à *l'abbé Olivier* puis à *sa
sœur Lucie-Anne Faultrier* ainsi qu'à *Pierre Boreau
de la Besnardière*, nous ne pouvons oublier leur fils.

Pierre-Urbain-Lezin DE LA BESNARDIÈRE

Malgré la situation que ses père et mère lui lais-
saient il ne se soucia pas de vivre en désœuvré et,
dès 1784, on le voit prendre dans un acte la qualité
de négociant[1]. Il devient fournisseur de la marine
avant 1789 et s'associa, tout d'abord, avec son cousin Faultrier de la Clergerie, votre arrière grand-
père, chers enfants, mais qui plus timide crut devoir
se retirer du commerce aventureux des bois de marine ; il eut tort, dit-on, car il aurait, paraît-il,
doublé sa fortune. Cependant l'aînée de ses filles,

---

[1] Acte du 27 mars 1784 précité.

Marie-Thérèse-Amélie Faultrier, durant son éducation à Angers, continuait d'être la commensale de l'hôtel de la Besnardière ; elle était d'une remarquable beauté ; Urbain-Lezin s'en éprit et il ne tint pas à lui de l'épouser. Quoiqu'il en soit il ne tarda point à se marier à Bordeaux avec demoiselle Marie Douazan (21 mars 1797).

De la Besnardière avait l'esprit des affaires et de l'ouverture pour l'administration ; dès 1791, on l'avait remarqué dans ses fonctions d'officier municipal et personne ne s'étonna de le voir, par décret du 18 mars 1808, nommé maire d'Angers où il fut installé le 12 mai.

« La même année il eut l'honneur de haranguer « à Angers, l'empereur et l'impératrice (11 août) et « obtenait d'eux la confirmation de l'arrêté minis- « tériel de 1807, qui avait autorisé la démolition « des vieux remparts demandée depuis longtemps « par la ville [1]. »

Ils formaient pourtant une bien curieuse enceinte de courtines épaulées de tours d'une fière allure ! Mais les temps n'étaient pas aux vieilles murailles ; en revanche ils étaient à l'idolatrie du souverain. A peine une année s'était écoulée, depuis sa harangue à l'empereur, que Besnardière haranguait son portrait, peint par Mme Benoist, femme d'un angevin, alors chef de division au ministère de l'intérieur. Ce portrait qui doit se trouver, je crois, quelque part, au Musée des tableaux d'Angers, ne coûta pas

[1] Port, *Dict. hist.*, au mot *Boreau*.

moins dè six mille francs. C'était le 15 août 1809, qu'avec l'assistance du sénateur Lemercier, Besnardière inaugura ce chef-d'œuvre. L'encens y brûla comme devant une madone et les paroles suivantes montèrent comme une invocation.

« Qu'un mortel ordinaire cesse de vivre, on « cherche, en vain, après quelques lustres la trace « de son passage. Cet incomparable héros, quoique « jeune encore, compte déjà plusieurs siècles ; ils « se pressent autour de lui ; notre imagination peut « à peine le suivre ; il servira d'époque à l'Univers ; « nous ses contemporains à peine osons-nous croire « aux merveilles qu'il enfante. »

Style du temps !

Besnardière, qu'à tort, l'on confondit quelquefois avec son père, méritait bien, en sa qualité de maire, d'aller avec MM. de Villebois et Parent d'Émery, délégués du Conseil municipal, porter, à l'occasion de la naissance du roi de Rome, les félicitations de la ville d'Angers à l'empereur [1]. Il n'était guère possible qu'il attendît longtemps l'honneur d'être baron. Quoiqu'il en soit, la terre de Martigné-Briand qu'il n'acheta point, comme on l'a dit, mais qu'il tenait de son père et de sa mère, véritables acquéreurs et *communs en bien* [2], la terre de Martigné, dis-je, lui formait vers 1810 son ma-

---

[1] Voir son discours dans *Angers et le Département*, t. II, p. 173, Blordier-Langlois.

[2] Dans l'acte du 27 mars 1784 précité, la veuve de M. Pierre B. de la Besnardière, écuyer, prend la qualité de commune en biens avec le défunt.

jorat[1]. Il se démit du mairat en 1813 et mourut à Angers, dans son hôtel, le 8 juillet 1823, laissant de son alliance avec Marie Douazan une fille, nommée Raymonde, mariée à M. Étienne-Félix Duplat de Monticourt[2].

Si la famille de Monticourt est toujours propriétaire des anciens domaines de MM. B. de la Besnardière, elle ne l'est plus du magnifique hôtel de leur nom, qu'elle a vendu et qui successivement est passé de ses mains, dans celles de MM. Hossard et Carriol; la ville d'Angers s'en est rendue adjudicataire, le 24 février 1883, en l'étude de Mᵉ Gasnier, moyennant le prix de deux cent cinquante mille francs. On doit y installer, dit-on, l'école d'enseignement primaire supérieur.

Avant qu'il y soit procédé, détachons une note que j'avais prise avec mon petit-fils André le 29 janvier 1883 et remercions un ami de mon fils[3] d'avoir bien voulu photographier, à notre intention, cet hôtel dont les boiseries sculptées ne sont point sans valeur. Deux dessins au lavis appartiennent au Musée Saint-Jean, l'un fait en décembre 1789 par le sieur Miroir, architecte, l'autre par Binet qui écrivit au bas : « hôtel *construit* par Bardoul « en 1781 ; » il aurait dû dire *commencé* en 1781. Cet hôtel bâti sur un sol de remblai pour n'avoir que cent ans est cependant fort délabré, beaucoup de pierres se disjoignent. Pourtant il serait malheu-

---

[1] Port, au mot *Boreau*, au mot *Martigné-Briand*.
[2] Raimbault, page 226.
[3] M. Gustave de Mieulle.

reux qu'il fût démoli, car l'architecte Bardoul de la Bigottière de 1781 à 1784 y avait mis son talent et il en avait beaucoup. Tout, il est vrai, est ici sacrifié au luxe. La cour d'honneur en fer à cheval se présente bien ; le point central de l'hôtel, avec ses deux salons, l'un polygonal et l'autre rond, ornés de boiseries sculptées et de peintures, est d'un excellent effet. La façade vers le jardin ne l'est pas moins avec son belvédère, ses balcons, ses appuis à l'italienne et son grand escalier ; luxe même à l'entrée des caves où pampres et raisins sont sculptés sur pierre comme emblêmes. Sous les balcons vers ouest, trois sujets bas-reliefs se réfèrent au *commerce*, à l'*industrie* et à l'*agriculture* principales sources de la fortune de M. Pierre de la Besnardière.

Revenons sur nos pas ; je disais, en effet, que de Claude-Joseph Faultrier, Thérèse-Gabrielle Poilpré n'eut pas moins de *sept enfants ;* c'est d'eux qu'il s'agit présentement ; mentionnons-les dans leur ordre chronologique :

1° Thérèse-Henriette-Louise Faultrier naissait à Sainte-Gemmes, près Segré, le 10 août 1749 et se mariait à la Jaillette en 1771, avec Lezin de Roincé, fils de Pierre Boreau sieur des Landes et de Anne Buchet, de Gené. Lezin était frère de Pierre Boreau de la Besnardière, écuyer de la maison d'Orléans, précité. Du dit Lezin de Roincé-Faultrier sont issus plusieurs branches qu'il serait hors de propos d'indiquer ici. Disons seulement que l'on trouve des armes s'y référant dans l'*Armorial général de l'An-*

jou, par J. Denais, savoir : « D'azur au chevron
« d'argent, accompagné en chef de deux coquilles
« d'or et en pointe d'une ancre d'or. » (Sceau
de 1642.) Disons encore qu'à l'une de ces branches
se rattache M. Auguste de Roincé, curé d'Avrillé,
auquel, par l'intermédiaire de M. Dulavouër, père,
nous avons dédié nos *Lettres sur le Champ des Mar-
tyrs;*

2° Claude-Mathurin-Jérôme Faultrier naissait à
Sainte-Gemmes, près Segré, le 10 juillet 1750 et se
mariait à la Boissière-sous-Saint-Christophe, près
Craon, le 30 septembre 1777, avec Renée-Marie-
Anne Bouchard, née au dit lieu, le 25 septembre
1751, fille de Jacques Bouchard, seigneur du Bignon
et de la Haute-Bergerie ;

3° Marie-Adélaïde-Rosalie Faultrier naissait · à
Sainte-Gemmes, près Segré, le 30 août 1751. C'est
la même que Mlle Lacoudre ;

4° Lucie-Renée Faultrier naissait à Sainte-
Gemmes, près Segré, en ..... et se mariait dans la
chapelle de l'île Saint-Aubin [1], paroisse de Saint-
Michel-de-la-Palud d'Angers, en 1777, avec Jean
Boreau sieur de l'Hucheneau, frère jumeau de
Lezin Boreau sieur de Roincé.

Il est à remarquer ici que trois demoiselles Faultrier, à des degrés divers, épousèrent trois Messieurs Boreau, savoir : *de la Besnardière, de Roincé*
et *de l'Hucheneau.* Par ce dernier la branche Le-

[1] Cette chapelle existe encore dans l'île Saint-Aubin ; mon fils
l'a dessinée lors d'une course qu'il fit récemment, en bateau,
avec M. Gustave de Mieulle.

mesle nous est parente ainsi que M. Baptiste Piron, commissaire administratif des chemins de fer à Nantes ;

5° Israël-Michel-Alexis Faultrier naissait à Sainte-Gemmes, près Segré, le 13 mai 1756, et se mariait en 1796, avec Françoise Gohier. On m'assure que, contrairement aux idées de sa famille, il aurait donné dans le travers de la Révolution et que l'éducation de ses enfants aurait été par suite très négligée. Pourtant on lui doit l'érection de la grande croix en bois mentionnée plus haut[1] ;

6° Henriette Jacquine-Émélie Faultrier naissait à la Jaillette, le 15 août 1758, et décédait à Bouquet, paroisse Saint-Laud d'Angers, le 11 août 1809. Elle s'était mariée, paroisse Saint-Samson à Angers, le 26 mai 1789, avec Jacques Deschères, mort sans enfants, près Nogent-le-Rotrou ;

7° Jeanne-Marguerite-Françoise Faultrier naissait à la Jaillette en avril 1760 et se mariait, en premières noces, avec René Bessin, né à Candé et en secondes, en 1786, avec Esprit-Benjamin Bancelin.

De ces dernières noces sont issus :

Esprit Bancelin, décédé, inspecteur des contributions directes à Saint-Lô, vers 1838;

Antoine Bancelin, garde du corps de M. le comte d'Artois sous la Restauration, décédé à Segré vers 1830, percepteur des contributions ;

---

[1] Témoignage de Marie Roullière.

Jeanne Bancelin, mariée à Alexis Charlery, fils du général de ce nom, dont est parvenue Mme Bouillé, mère de Mme Bigot, épouse du docteur de ce nom à Varades ;

Caroline Bancelin, épouse de M. Victor-Mathurin Bellouis, dont M. Théobald Bellouis [1], juge honoraire au tribunal d'Angers et Mme Chasseloup, de Châtillon ;

Mlle Thaïs Bancelin, dite la mère des pauvres à Segré et qu'un docteur, à cause des secours qu'elle portait aux malades, nommait *son confrère.*

Des sept numéros d'enfants deux nous intéressent spécialement, les n°s 2 et 7.

Arrêtons-nous d'abord sur le n° 2.

De Claude-Mathurin-Jérôme Faultrier de la Clergerie et de Renée-Marie-Anne Bouchard sont nés quatre enfants, sur le compte desquels nous reviendrons, mais après avoir établi la généalogie de leur mère.

Je ne puis mieux faire que de transcrire, en partie, le travail fait sur cette famille, par M. Meslay, ancien notaire à Laval.

---

[1] M. Bellouis, marié à demoiselle Marie Dutier, nièce du député de ce nom, eut de bonne heure de réelles aptitudes pour la musique. Son professeur, le célèbre Camus, flûte-solo aux Italiens, appréciait le beau talent de son élève à ce point qu'il le pria de lui dédier une de ses fantaisies sur la flûte. Bellouis fut également apprécié de Tulou.

Son goût pour la musique en eut fait un artiste éminent ; les circonstances, l'esprit de famille et l'étude en firent un magistrat sérieux ; *sic fata !* Louise Bellouis, sa fille unique, digne petite-nièce de Mlle Thaïs Bancelin, conserve avec amour les anciennes habitudes charitables de sa famille.

Renée-Marie-Anne BOUCHARD [1].

Sa filiation remonte à :

I. René-Claude Bouchard, écuyer, dont :

II. René Bouchard, écuyer, sieur de la Motte, porte-manteau [2] de la reine-mère et du duc d'Anjou, marié par contrat du 3 novembre 1559 avec Julienne Jacquelot, dont :

III. Claude Bouchard, écuyer, sieur de la Gelinière, marié par contrat du 9 août 1603 à Marie Lebreton, dont :

IV. Claude Bouchard, écuyer, sénéchal de Saint-Denis-d'Anjou, marié par acte, à Laval, du 8 décembre 1624, à René Blanchet, dont :

V. Claude Bouchard, troisième du nom, né et baptisé, le 26 juin 1636, en l'église de Saint-Denis-d'Anjou, marié par contrat du 12 janvier 1663, à Angers, avec Claude-Marie de *Sevillé* [3], le dit Claude Bouchard décédé le 17 mars 1719 et inhumé dans l'église Saint-Jean-l'Évangéliste, dont deux branches :

---

[1] La famille Bouchard porte *d'azur à trois léopards d'argent posés l'un sur l'autre.*

[2] Porte-manteau se disait d'un officier de la maison du roi ; il y en avait douze, leur charge consistait à garder le chapeau du roi, ses gants, sa canne, son épée. Le porte-manteau suivait le roi à la chasse avec une valise ou porte-manteau garni de mouchoirs, chemises, etc. (Voir *Dictionnaire encyclopédique*, au mot *Porte-manteau*.)

[3] Sevillé fief situé commune de Châtelais.

BRANCHE AINÉE

BRANCHE CADETTE

VI. René Bouchard, troisième du nom, sieur de la Poterie[1], né et baptisé le 12 novembre 1668, marié par contrat du 12 janvier 1700 à Château-gontier, avec Marie-Fran-çoise Lecercler,

Dont :

VII. Claude-Mathurin Bouchard, écuyer, sieur de la Poterie, marié le 5 juillet 1734 avec Gabrielle Quantin-Duplessis,

Dont :

VIII. Claude-Louis Bouchard, écuyer, sieur de la Poterie, capitaine au régiment de Beauvoisis.
« Ce Claude avait deux
« sœurs, savoir : Gabrielle
« Bouchard, mariée le 13
« octobre 1759 à messire
« Gabriel-Claude de Ra-

Toussaint Bouchard, marié avec Anne Garnier,

Dont :

Jacques Bouchard de la Haute-Bergerie, marié avec demoiselle Beu de Chaubusson,

Dont :

Renée Bouchard, fille unique, mariée à Claude-Mathurin-Jérôme Faul-trier de la Clergerie.

[1] Il y a deux familles du nom de la Poterie : *Leroy de la Poterie* et *Bouchard de la Poterie*, les armes sont différentes. (Voir l'*Armorial* de Denais.)

« zilly, chef d'escadre et
« *Félicité* Bouchard, ma-
« riée le 19 novembre
« 1768 à messire Claude-
« Augustin Bourdon de
« Grammont[1].

Il suit de là que René Bouchard, troisième du nom, sieur de la Poterie, et Toussaint Bouchard étaient frères ;

Que Claude-Mathurin-Bouchard de la Poterie et Jacques Bouchard de la Haute-Bergerie étaient cousins-germains ;

Enfin, que Claude-Louis Bouchard sieur de la Poterie, ses sœurs dames de Razilly et Bourdon de Grammont, étaient cousins issus de germains avec Renée Bouchard-Faultrier, votre arrière grand'-mère, chers enfants. Elle avait un oncle Claude Bouchard du Plessis, marié à demoiselle Jeanne Maingot, dont :

Marie-Jeanne-Renée Bouchard, mariée à Joseph Douasne, avocat au siège présidial de Châteaugontier, dont :

Marie-Gabrielle Douanes, épouse de M. James Baudrier de la Cotière dont est issu M. Garreau de la Barre, conseiller honoraire à la Cour d'appel d'Angers, beau-père du vicomte Arthur

---

[1] Sieur Augustin Lancelot, vicomte de Quatrebarbes, épousa en 1790 « *Félicité* Bourdon de Grammont, laquelle comptait « parmi ses aïeux un frère de Jeanne d'Arc. » (Voir *Précis généalogique de la maison de Quatrebarbes*, p. 41. Angers, Pignet-Château, 1839.)

de Cumont, ancien ministre de l'instruction publique.

La généalogie Bouchard dûment établie, il convient de passer à la descendance de Renée-Marie-Anne Bouchard et de son mari. En sont issus quatre branches :

PREMIÈRE BRANCHE

Marie-Thérèse-Amélie FAULTRIER, épouse de M. GENDRON

L'on y trouve :

Demoiselle Euphrasie Gendron, décédée le 16 juin 1883, à Tigné.

Demoiselle Amédée Gendron, mariée à M. Carré, dont : 1° Amédée Carré, inhumé dans une chapelle érigée à son intention au centre du cimetière de la Fosse-de-Tigné ; 2° Amélie Carré, veuve de M. Bossu, notaire, décédé à Thouarcé, dont Marie Bossu, pensionnaire à Bellefontaine.

Mme Amédée Carré est décédée aux Roches, commune de la Fosse-de-Tigné, le 30 août 1883.

Demoiselle Raymonde Gendron, mariée à M. Pierre Peton, ancien conseiller général, dont : 1° Mlle Marie Peton, mariée à M. Texier, notaire à Laval, père et mère de Mlle Marie Texier ;

2° Mlle Ange Peton, veuve de M. le docteur Gareau, décédé à Changé, près de Laval, en août 1883 (voir aux notes).

3° Mlle Aline Peton, mariée à M. Gabriel Rogeron, père et mère de Mlle Louise Rogeron ;

4° M. le docteur Joseph Peton, médecin à Saumur,
marié à Mlle Seigneur ;

5° Mlle Raymonde Peton, mariée au docteur Vétault, médecin aux Ponts-de-Cé, dont un fils Louis
Vétault.

Mme Raymonde Peton est décédée le 14 octobre
1872 ; on lui doit, ainsi qu'à son mari, la restauration du beau château de Tigné.

DEUXIÈME BRANCHE

Claude-Pierre-Jacques FAULTRIER, mari de Thérèse BESSIN

Décédés sans postérité.

TROISIÈME BRANCHE

Arsène-Jean-Marie FAULTRIER, marié en 1812 à Marie CAILLIN, fille de François Caillin [1], ancien magistrat, et de Jeanne Bougler.

L'on y trouve :

Hippolyte Faultrier, décédé célibataire, le 19 mars
1837 ;

---

[1] Esprit juste de qui l'on a dit : « Si j'avais des procès avec
« M. Caillin je n'en voudraisp as d'autre que lui pour les juger. »
M. F. Caillin fut greffier au Présidial d'Angers, et après la
Révolution juge de paix à Châteauneuf, puis, greffier au
Tribunal de Segré. Il mourut le 31 août 1831, âgé de 78 ans.

Arsène Faultrier, mariée à Victor Godard, directeur-fondateur du Musée d'antiquités d'Angers, ancien maire de Sainte-Gemmes-sur-Loire, chevalier de Saint-Grégoire le Grand en 1863, officier d'Académie en 1866, officier de l'instruction publique en 1873 [1], dont :

Arsène-Marie Godard, née le 12 juillet 1841, décédée le 17 septembre de la même année ;

Hippolyte Godard, docteur-médecin, marié à sa cousine germaine, demoiselle Marguerite Poitou, demeurant à Tigné. (Voir les noms de leurs enfants à la branche VII, dite d'Augustin Grignon du Moulin.)

QUATRIÈME BRANCHE

**Amédée FAULTRIER, mariée à Joseph MESLAY,
notaire à Laval**

L'on y trouve :

Amédée Meslay, conseiller à la Cour d'appel de Rouen, marié à M110 Zélie Pierron, décédé en avril 1869, dont :

Amédée Meslay, sans profession, marié à M110 Sara Cummings; leur est née en juin 1883 une fille nommée Edith ;

Marie Meslay, mariée à Ernest Bellanger, par sa première femme gendre de M. Bonneau, comman-

[1] Voir *Dictionnaire des Contemporains* et aussi celui de *Larousse* au supplément.

deur de l'ordre de Saint-Grégoire le Grand et comte romain ;

Joséphine Meslay, mariée à M. Queruau-Lamerie, père de M. Emile Lamerie, juge au tribunal d'Angers [1], marié à Mlle Léonie Rey, dont deux fils : Georges et Pierre ;

Henri Meslay, sans profession, marié en premières noces à Delphine Marçais dont : Henri Meslay, militaire ; en deuxièmes noces à Aurélie Courtais, dont : Amélie Meslay, mariée à M. Bazin, sans profession, neveu de M. Bazin, ancien conseiller à la Cour d'Angers. (Une fille, Yvonne.)

Ces notes généalogiques achevées, il nous sera bien permis, chers enfants, de vous faire connaître quel était votre bisaïeul, Arsène-Jean-Marie Faultrier, décédé le 3 juillet 1841.

Durant les quinze jours de sa maladie, au Lion-d'Angers, il eut l'honneur de recevoir la visite et la bénédiction de Mgr Paysant, assisté de son grand vicaire M. Regnier, devenu successivement évêque d'Angoulême, archevêque de Cambrai et enfin cardinal.

M. Faultrier occupait au Lion une bonne situation par ses services, puis aussi par sa famille.

Il s'interposa souvent avec avantage, entre l'autorité préfectorale et de nombreux réfractaires, lesquels las du métier n'aspiraient qu'à se rendre ; il fut en cela secondé par un respectable pêcheur,

[1] Démissionnaire lors du mouvement de révocation de la magistrature française en 1883. (Loi Martin-Feuillée.)

nommé Riveron, qui les lui amenait secrètement ;
ensemble ils contribuèrent à pacifier le pays, tout
en obtenant de l'État de sérieux adoucissements
aux peines qui attendaient ces pauvres garçons.
En 1832, comme chef de la garde nationale, il
empêcha le pillage de quelques châteaux. A cette
occasion, plusieurs disaient qu'il était plus chouan
que les chouans eux-mêmes ; aussi advint-il qu'un
matin on vit une guirlande de chats-huants sus-
pendue près de sa maison ; pourtant ce n'était pas
à son adresse, mais à celle de sa fille, votre grand'-
mère, chers enfants, qui s'en trouva fort honorée,
car si son père était dans les rangs des libéraux, elle
au contraire, penchait de toutes ses forces vers l'opinion légitimiste, cela ne les empêchait pas de vivre
en parfaite intelligence. Cette délicate situation fut
même l'image de celle qui régna toujours entre
M. A. Faultrier et les habitants du Lion lesquels
sans distinction d'opinion, le lui prouvèrent par son
élection de *maire* et de *conseiller d'arrondissement*.
Ses collègues, de leur côté, le nommèrent à peu près
constamment *président* de la Chambre des notaires [1].

Je n'ai jamais douté, non plus, que ce fut par
respect pour sa mémoire, qu'on m'élut à sa place
conseiller d'arrondissement et que plus tard on
donna mon nom à l'une des rues du Lion.

Assez de cette digression, revenons sur nos pas ;
je disais plus haut que de la lignée *Faultrier-Poilpré*
le septième enfant, Jeanne-Marguerite-Françoise,

[1] Voir le *Journal de Maine-et-Loire*, du 8 juillet 1841.

nous intéressait d'une façon spéciale à cause de son alliance, en secondes noces, avec Esprit-Benjamin Bancelin qui mérite que nous lui réservions ici une mention spéciale.

BANCELIN

Esprit Bancelin était, je l'ai connu, un aimable petit vieillard, doux, fin, d'humeur accorte, obligeant, désintéressé, ce qui lui laissait dire : « Sa- « credié, sacredié, j'ai toujours bien fait les affaires « des autres, les miennes jamais. » Après de grands sacrifices dans l'intérêt du pays, aux époques les plus difficiles, il compromit sa fortune jusqu'à vendre sa terre de la Chaufournaie, que possède notre ami Théodore Pavie, homme de goût, voyageur savant et littérateur éminent.

C'était de M. Bancelin qu'une femme aussi noble que légitimiste disait un jour à votre grand'-mère Arsène :

« Vous pouvez être fière, Madame, de votre pa- « renté avec celui qui, d'accord avec Mme Turpin de « Crissé, contribua si puissamment à la pacification « du pays de Segré, durant nos troubles civils. »

Bien à tort, quelques ennemis de Bancelin voulurent en faire un républicain avancé ; il était patriote, c'est vrai, mais dans la meilleure acception du terme ; aussi écrivait-il à feu mon beau-père,

M. Arsène Faultrier, en date, à la Chaufournaie, du 12 janvier 1824 :

« Mon cher neveu et bon ami, j'étais hier au tri-
« bunal (de Segré) en remplacement de M. Poitou,
« malade ; il y fut question de toi ; mes deux oreilles
« n'étaient pas assez grandes pour écouter. MM. Du-
« clos et de Beauvois sont pour toi deux véritables
« amis.

« Je partage et j'approuve entièrement ta façon
« de penser : pour vivre en paix et tranquilles il
« nous faut le gouvernement monarchique et les
« Bourbons, avec les institutions qu'ils nous ont
« données. Si nous sortons de ce cercle nous tom-
« bons dans l'abîme et nous ouvrons sous nos pas
« et ceux de nos enfants, le précipice dont nous
« sommes à peine sortis. Les royalistes, et surtout
« M. le comte d'Andigné sont instruits et reconnais-
« sants de ta conduite [1]. »

Sous le bénéfice de ces réserves, esquissons rapidement la vie de M. Bancelin. Il naquit le 5 mai 1764
à Angers, étudia au collège de l'Oratoire et se maria
le 21 mars 1786 avec Françoise-Jeanne-Marguerite
Faultrier, celle-ci veuve de M. Bessin, procureur
au présidial d'Angers. Lui-même, avant 1789,
occupa la même charge. Le 15 septembre 1790 il
est nommé receveur du district de Segré, cherchant
à se rapprocher de la famille de sa jeune femme ;
c'était une fort belle personne. M. Théobald Bel-

---

[1] Lettres de Bancelin, grande boîte de carton. (Titres de Carqueron.)

louis, leur petit-fils, possède leurs portraits en miniature [1]. Bancelin devenu commandant de la garde nationale, équipe à ses frais deux canons. Nommé maire de Segré, le 1er novembre 1790, il préserve par deux fois la ville et le district de la famine et ne fut jamais remboursé de ses avances. Le 10 mars 1793, il harangue six cents réfractaires au péril de sa vie, n'ayant avec lui que deux cavaliers, on l'écoute et tout rentre dans l'ordre.

En qualité de président de l'administration du canton (août 1794) il correspond avec le Directoire du département. En toutes circonstances il est l'intermédiaire loyal des chefs royalistes et des généraux républicains : Hoche, Hédouville, etc. Une nuit par un temps affreux il s'aventure, avec un seul guide, au milieu des bois pour aller trouver le chevalier Turpin de Crissé, qui ravi de sa courageuse confiance et le voyant trempé jusqu'aux os, n'hésite pas à lui faire partager son feu et enfin son lit. De ce moment s'établit entre eux une correspondance que Bancelin publia et dont les exemplaires sont d'un grand prix pour l'histoire de la pacification du pays.

Une autre brochure qu'il publia sous le titre de *Compte rendu du Directoire du district de Segré* (Angers, Jahier, an III) donne la clef des causes de la chouannerie.

---

[1] M. et Mme Bigot, de Varades, ayant fait faire chez Berthaud des photographies de ces miniatures ont bien voulu nous en offrir des exemplaires ; qu'ils en reçoivent nos remerciements, ainsi que M. Bellouis.

Bancelin fut nommé, en 1795, commissaire aux pacifications de la *Jaunais* et de la *Mabillais*.

La belle-sœur du chevalier de Turpin, Jeanne-Élisabeth Bongars, vicomtesse Turpin de Crissé, ne fut point étrangère non plus au rétablissement de la paix et s'aboucha souvent, à cet effet, avec Bancelin, dont la maison de la *Chaufournaie* lui servit de résidence pendant les négociations qui précédèrent les conférences de la Mabillais. La vicomtesse et Bancelin étaient faits pour s'entendre ; en eux, avec la plus entière fidélité à leur opinion, on retrouvait par-dessus tout une bienveillance réciproque et le besoin d'en finir avec les maux de la patrie. Réussirent-ils toujours ? Non, mais de suspensions d'armes en suspensions, ils arrivèrent, comme au moyen âge, avec la trève de Dieu, à calmer l'âpreté de la guerre, à écarter le pillage, à diminuer le nombre des assassinats, enfin à préparer par les voies de douceur le retour du clergé.

A cet effet, les dates de 1795-1797 où Bancelin et la vicomtesse employèrent leurs ressources d'honnête diplomatie, ne furent pas infructueuses ; ces dates préparaient celle du Concordat.

Bancelin mourut en décembre 1842. Pour plus de détail, recourir à mon article du 7 janvier 1843 *Journal de Maine-et-Loire*, au *Dictionnaire* de M. Port et aussi à l'ouvrage sur la Vendée de l'abbé Deniau, où se trouve dans le dernier volume, page 38, une intéressante lettre de Bancelin, datée du 17 nivôse an VIII (7 janvier 1800), à l'adresse du premier consul. (Voir aux notes). C'est ici le cas de vous dire que le fameux abbé Bernier, curé de Saint-Laud d'Angers, négociateur du Concordat, né en octobre 1762, à Daon, d'un pauvre tisserand, fut avec le concours du prieur Jaunet, aidé dans ses études, par un membre de la famille de l'Hucheneau-Faultrier. Nous possédons une belle miniature de Bernier, faite après sa nomination à l'évêché d'Orléans.

Il ne nous reste plus qu'à vous faire connaître l'une des branches les plus éloignées de votre famille par les *degrés,* mais l'une des plus proches par la *donation* de Carqueron que fit demoiselle Thérèse Prevost à votre bisaïeul, M. Arsène Faultrier.

CARQUERON

Ce vieux petit castel n'est pas dénué d'intérêt au point de vue historique. L'habitait, au xve siècle, un vaillant gentilhomme que l'on voit guerroyer en 1422, contre les Anglais. Bourdigné et Roger n'ont point dédaigné de le citer.

Après lui, nous trouvons en 1484 comme seigneur de Carqueron Bertrand de Maubugeon, écuyer[1] ; puis Jacques Le Camus[2], mort en 1494. Son épitaphe, autrefois située dans l'église de la paroisse Saint-Maurice d'Angers[3] apprenait que Le Camus avait été conseiller des rois Charles VII,

---

[1] Port, au mot *Carqueron.*

[2] Bruneau de Tartifume, manuscrit n° 871, bibliothèque d'Angers.

[3] Aujourd'hui chapelle du baptistère à la cathédrale.

Louis XI, Charles VIII et très aimé du bon roi René.

Au-dessus de l'épitaphe était son *pourtraict* en bronze.

Succède à Jacques Le Camus, Jean du même nom (1499), puis Nicolas Richomme (1542-1551), plus tard demoiselle Richomme, enfin Charles Hunault, écuyer, sieur de la Thibaudière et de Marcilly (1618-1623).

Arrêtons-nous pour dire, avec Bruneau de Tartifume, que de son temps se voyait dans l'église de la Trinité d'Angers, « au sommet de la nef et chœur « en forme de litre, le blason des sieur et dame « de Carqueron. »

Dans la même église, on apercevait « sur le grand « autel, un bas-relief de la Trinité entre les deux « statues à genoux d'un chevalier et de sa dame « qu'on disait être également le sieur et la dame de « Carqueron [1]. »

Reprenons la liste des seigneurs où nous l'avons interrompue, c'est-à-dire au sieur Hunault de la Thibaudière.

Le dit sieur vendit [2], le mardi 22 août 1634, « à « honorable homme Pierre Gandon, marchand, de- « meurant à Angers, paroisse de la Trinité, la *terre*, « *fief* et *seigneurie* de Carqueron, paroisse du Lion- « d'Angers, composés d'ancienne maison seigneu- « riale, d'une cour close à muraille... *d'une ancienne*

[1] Pean de la Tuillerie, édition Port, note de la page 504.
[2] L'expédition de cette vente écrite sur parchemin est en nos mains.

« *motte entourée de fossés*, d'un étang, de trois pièces
« de vignes, etc. »

Pierre Gandon, après son acquêt, fit des répara-
tions considérables à Carqueron ; le logis principal
actuel, comme la chapelle, par leur style datent, en
effet, du premier tiers du xviie siècle ; seules les
deux tourelles sont plus anciennes et paraissent
devoir remonter au xve. Pierre Gandon prend,
en 1643, la qualité de *contre-garde de la monnaye
d'Angers*, ce qui ne l'empêche pas d'habiter, le plus
ordinairement, son castel de Carqueron, avec dame
Françoise Bodin, son épouse ; aussi s'empressent-
ils, avec l'agrément de l'évêque d'Angers (Mgr Claude
de Rueil), de fonder, par acte du 15 novembre 1643,
dans leur chapelle, *une messe à basse voix*, tous les
dimanches de l'année, vu, disaient-ils, leur éloigne-
ment de l'église du Lion-d'Angers, leur âge, leurs
infirmités et le mauvais état des chemins [1].

Pierre Gandon, décédé sans enfant, laisse la
terre de Carqueron à sa sœur Marguerite Gandon.

La dite Marguerite par son mariage, en secondes
noces, avec *Pierre Prevost, dit le jeune*, transmet à
la famille de ce nom la dite terre.

De leur alliance naquit François Prevost (premier du nom) qui devint seigneur de Carqueron,
vers 1671, et se maria à demoiselle Marguerite
Touchaleaume, vers 1673.

[1] L'expédition de l'acte de fondation de messes, écrite sur parchemin, est en notre possession.

De ce Prevost-Touchaleaume naquirent deux fils, savoir :

François Prevost (deuxième du nom), qualifié de bourgeois d'Angers, baptisé en 1674, et René Prevost (premier du nom), baptisé le 13 janvier 1675, lieutenant aux eaux et forêts ; ils soutinrent un curieux procès dont il sera question.

François Prevost (deuxième du nom), marié à Gabrielle Gault, eut entre autres enfants, René Prevost (deuxième du nom), seigneur de Carqueron, marié en 1741 à Marie-Jeanne Poilpré ; il mourut en 1758.

De Prevost-Poilpré cinq enfants vinrent à partage vers l'an III de la République, savoir :

1° Marie Prevost ;

2° Jean-Baptiste Prevost ;

3° Thérèse Prevost, de laquelle parente, je le répète, nous tenons la propriété de Carqueron (an 1828) ;

4° Victoire-Sophie-Adélaïde Prevost, femme de Mathieu Jallot ;

5° Anne-Gabrielle Prevost, femme de Mathurin-Louis-Marie Jousset.

Par rapprochement des deux sœurs Poilpré, l'une mariée à Claude-Joseph Faultrier et l'autre mariée à René Prevost, vous voyez, chers enfants le lien de parenté.

Nous possédons un beau portrait de Marie-Jeanne Prevost, née Poilpré.

Après cette généalogie dûment établie où, pour

nous résumer, nous trouvons successivement dans l'espace d'environ un siècle et demi;

Pierre Prevost-Gandon dit le jeune;

François Prevost-Touchaleaume;

François Prevost-Gault;

René Prevost-Poilpré.

Après, dis-je, cette généalogie il faut nous arrêter sur deux points :

1° *Singulier procès ;*

2° *Fief et Seigneur de fief.*

———

Singulier procès

Un *quiproquo* fut l'origine de ce procès. Deux frères Prevost avaient reçu le même prénom *Pierre*, aussi ne les distinguait-on qu'en disant : Pierre Prevost *l'aîné* et Pierre Prevost *jeune*. Le premier ayant été élu échevin d'Angers en 1622 — en même temps, chose à noter, que le célèbre Gabriel du Pineau — devint noble du droit de cette charge, mais comme il mourut sans enfants, sa noblesse devant suivre le sang direct ne put se transférer en ligne collatérale; son frère Pierre Prevost jeune, époux de Marguerite Gandon, d'ailleurs, n'y prétendit jamais, non plus que leur fils François Prevost (premier du nom), mari de Madeleine Touchaleaume.

4

Mais, voilà qu'un jour de l'an 1707, sautant par dessus deux générations, le *traitant du fisc* réclame, pour *fait de noblesse*, la somme de trois mille livres à la descendance Prevost, c'est-à-dire à François Prevost (deuxième du nom), qualifié de bourgeois d'Angers, mari de demoiselle Gabrielle Gault et à son frère René Prevost (premier du nom), lieutenant aux eaux et forêts, réclame, dis-je, la somme de trois mille livres, fondant ses prétentions sur ce qu'ils auraient été petits-fils de *Pierre* Prevost, échevin d'Angers et partant héritiers de sa noblesse.

Quiproquo, répondirent les prétendus débiteurs. Le *Pierre* Prevost ennobli n'était point notre grand-père, mais notre grand-oncle ; c'est vrai que lui et son frère avaient le même nom de *Pierre*, mais c'est vrai, aussi, qu'on les distinguait par la qualification de *Pierre* l'aîné et de *Pierre* le jeune. Donc, nous ne sommes pas les descendants de l'échevin et conséquemment point nobles. La réponse était péremptoire. Le traitant ne s'en tint pas satisfait et nous avons à ce sujet tout un dossier d'écritures que l'on peut résumer dans le dialogue suivant :

Le traitant : Vous devez « *trois mille livres, plus* « *deux sous pour livre* à cause des taxes établies sur « les nobles et descendants de maires, échevins et « autres officiers esleus à la maison de ville d'An- « gers depuis 1600 jusque au dernier décembre « 1687. »

Les deux frères : Encore une fois nous ne devons rien, n'étant pas, nous le répétons, les petits-fils de l'échevin, mais seulement ses petits-neveux.

Le traitant : Mais vous avez vécu noblement ?

Les deux frères : Non, dans le sens que vous prétendez, « n'ayant jamais pris la qualité d'écuyer, « ni joui d'aucun privilège de noblesse et au con-« traire ayant toujours eu la qualité de roturiers, « contribuant aux charges et impositions de ville.

« C'est pourquoi nous requérons la décharge de « la dite taxe, poursuites et contraints avec des-« pens[1]. »

Le traitant tout penaud finit par abandonner ses prétentions mal fondées : *trois mille livres plus deux sous pour livre*, quelle aubaine perdue ! et les frais !

C'est égal ! combien à ce prix, de nos jours, se laisseraient passer *au menton la savonnette à vilains ?* Molière qui pourtant vivait alors dut ignorer ce singulier procès ; autrement il eut fait la contre-partie du *Bourgeois gentilhomme*, je veux dire : *Noble malgré soi.*

Toutefois, la famille Prevost eut pu prétendre à la noblesse à cause de son fief de Carqueron qu'elle possédait depuis trois générations et qui consé-quemment était tombé en *tierce foi;* en effet, le *fief tombé en tierce foi* se partageait noblement quoi-qu'entre roturiers[2]. « Il paraît certain que les rotu-« riers, possesseurs de *fiefs*, étaient réputés nobles

---

[1] Papier de Carqueron, boîte en bois.
[2] *Encyclopédie*, au mot *Fief*, page 367.

« lorsque leurs fiefs étaient tombés en tierce foi,
« c'est-à-dire lorsqu'ils avaient été partagés deux
« fois entre roturiers, à la troisième fois il les
« partageaient noblement et de même que les
« nobles [1]. »

Nous ne voyons pas que vos grands-parents Prevost, chers enfants, aient profité de ce privilège,
mais ils ne balancèrent point à prendre la qualité
de seigneur de Carqueron, titre attaché moins à la
personne, il est vrai, qu'à la propriété. A cette occasion essayons de vous faire comprendre ce qu'était
un fief et notamment celui de Carqueron.

Fief et Seigneur de fief

« Le fief noble, dit l'*Encyclopédie* [2], est celui
« auquel il y a *justice*, ou *maison fort notable, édifice,*
« *motte, fossés* ou *autres semblables signes de noblesse*
« *et d'ancienneté.* »

Tout cela se retrouve dans nos titres de Carqueron, mais pour bien les comprendre tâchez avec
moi, chers enfants, de vous rendre compte d'une
façon générale de l'origine de ce que l'on nommait
féodalité, petit détail historique qui ne sera pas ici
hors de propos.

[1] *Encyclopédie,* au mot *Fief,* p. 347.
[2] *Encyclopédie,* au mot *Fief,* p. 365.

Ce régime, en fait, préexistait à son nom, c'était une association fondée en nature, association toute personnelle à ses débuts, un échange mutuel d'intérêts, établi sur la *protection* d'une part et la *soumission* volontaire de l'autre. Le protecteur, un puissant parmi ses égaux, pouvait dire : prends ce cheval et ces armes, je te les confie, mais à charge de m'être fidèle et respectueux dans de réciproques services.

Ce n'était encore qu'une féodalité *mobilière* et *ambulante*, formée d'un composé de bandes toujours en course, sans lieu ni terre, descendant, chef en tête, du nord au sud, ravageant tout sur leur passage ; un composé d'essaims sortis des grandes ruches septentrionales, pour aller s'abattre dans les riches pâturages de la Gaule, sous le nom de Francs, etc., puis prenant goût à la terre, s'y fixant, se divisant par groupes autour de *grands, moyens et petits* chefs, disant à leurs compagnons soumis : Voilà des champs, je vous les donne, cultivez, mais soyez en armes, vigilant à défendre le manoir que je me bâtis : *motte de terre entourée de fossés, forteresse, tourelles, à l'ombre protectrice desquelles vous vivrez* et qui prendront le nom de fief de la fidélité que vous me jurez ; déclarez-vous, en outre, mes sujets par des *aveux, devoirs* et *remembrances*. Et ces essaims de bandes ambulantes, abattus sur le sol s'y fixent, en lui communiquant même quelque chose de leur organisation personnelle et intime de foi et hommage, sous les noms de *terres fieffées, hommagées, seigneuriales, vassales, dominantes et servantes.*

Et la féodalité de mobilière et ambulante qu'elle était, devient territoriale. Puis la France se couvre de *grands, moyens* et *petits fiefs* qui par l'hérédité forment comme autant de souverainetés et de mailles pressées retenant l'homme à la terre, à ce point qu'il arrivait souvent qu'un noble possesseur de *fief servant* devenait le vassal d'un simple roturier propriétaire d'un fief dominant, d'où le proverbe : *Seigneur de paille avale vassal d'acier* [1].

Ainsi parqué dans cet échiquier territorial, l'individu nomade s'attache à la terre, la défend et la défriche.

Toutefois, après que la monarchie se fut acclimatée dans l'esprit français, la féodalité perdit beaucoup de sa raison d'être. La grande souveraineté tendit naturellement à absorber les petites qui ne conservèrent plus guère que certains droits honorifiques, comme aussi quelques avantages : droits d'*étang*, de *colombier, moulins, assises, nomination de sénéchal*, etc., toutes choses que nous retrouvons dans nos titres de Carqueron.

Par exemple à la date de 1752, nous assistons à une procédure faite aussi sérieusement que pourrait l'être celle d'une cour souveraine. C'est trop curieux, chers enfants, pour que je ne vous en parle pas et c'est d'ailleurs un détail de mœurs.

[1] M. d'Espinay.

« L'an 1752, le 18 septembre à la requeste de
« M. le procureur fiscal de la terre, fief et seigneurie
« du grand Carqueron...

« J'ai, sergent royal soussigné, par la vertu du
« mandement de M. le Sénéchal de la dite sei-
« gneurie de Carqueron, assigné : 1° M. de Dieuzy ;
« 2° M. de la Porte ; 3° M. Poulain de la Foresterie ;
« 4° M. de Montaval ; 5° M. le Procureur de la
« boîte des trépassés de la paroisse du Lion-d'An-
« gers, etc.

« A comparoir devant M. le Sénéchal de la sei-
« gneurie et maison seigneuriale du Grand-Carque-
« ron (les assises tenantes au dit lieu) pour se voir
« condamner, représenter et exhiber les titres de
« propriétés... mouvant de cette seigneurie... payer
« les rentes, les arrérages et devoirs, faire foy *et*
« *hommage entre les mains de Monseigneur de la Cour,*
« (M. Prevost) fournir leurs aveux... et estre, en
« outre, condamnés aux amendes... etc., etc. »

Et en marge, on a sérieusement écrit : « *Voilà*
« *l'écrou des assignations.* »

Ce n'est pas tout ! le seigneur de Carqueron va
parler en souverain : « Nous, René Prevost, sei-
« gneur, etc., à tous ceux qui ces présentes lettres
« verront, faisons savoir que, etc...

« Mandons à nos vassaux et sujets, etc... En foi
« de quoy nous avons donné ces présentes... signées
« de notre seing ce 29 may 1747, etc., etc. »

Mais si la famille Prevost recevait des aveux à
cause de son fief de Carqueron, ce fief en devait un
de *foy lige* à la chastellenie de Roche-d'Iré (com-

mune de Loiré, arrondissement de Segré). Dans
l'aveu de 1785 on spécifie *la motte entourée de fossés*
comme aussi *une fuie et l'étang barré* d'une chaussée
« où il y avait, autrefois, un moulin à eau auquel
« mes sujets (dit le seigneur de Carqueron) étaient
« contraints de faire moudre leurs grains cueillis en
« l'étendue dudit fief. »

Enfin l'aveu de 1785 se termine ainsi :

« Qui sont tous les héritages mouvants de mon
« dit fief sur lesquels j'ay droit de haute, moyenne
« et basse justice. »

Mais le fief a bien changé d'aspect : la châtai-
gneraie, la motte féodale, la fuie, le toit du grand
portail ont disparu ; et enfin, douves, étang, sont
desséchés ; puis la chapelle est veuve de son autel
devant lequel, en 1787, fut célébré le mariage de
M. Jousset de la Grifferaye avec demoiselle Prevost
de la Marsillière (voir aux notes). Je m'arrête, car
ce serait à ne pas finir, c'est trop long déjà, chers
enfants ; que voulez-vous les vieillards n'en font
jamais d'autres.

Quand je ne serai plus, peut-être votre bon cœur
trouvera-t-il mon récit trop court.

FAMILLE GODARD

Chers enfants,

Nos recherches sur la famille de votre grand'mère Arsène étant achevées, vous ne serez pas fâchés de savoir quelque chose aussi de l'origine de la mienne.

D'un acte de vente de terres à Ablon, près Honfleur, à dame Marguerite Halley, en 1752, ressort que cette dame veuve du sieur Nicolas Picot, *capitaine de vaisseaux*, eut de celui-ci, une fille Marguerite Picot, qui épousa le sieur Charles Godard, capitaine de navires, dont naquit, le 16 décembre 1778, paroisse Sainte-Catherine d'Honfleur, Victor Godard, mon bien-aimé père.

Il avait deux frères qui, le 1ᵉʳ germinal an XI, signèrent avec lui, en triple original, un inventaire sous seing privé, de leurs papiers de famille provenant de la succession de Charles Godard, décédé le 18 juillet 1785 à Honfleur.

De nombreuses liasses portaient en titres :

N° 1. Boîte concernant le navire le *Sully* ;

N° 2. Une liasse pour le navire le *Roland*[1] ;

N° 3. Liasse pour le navire le *Marquis de Brancas* ;

N° 4. Liasse (*Amérique*) ;

N° 5. Liasse de *factures d'Europe et d'Amérique*, de 1755 à 1760 ;

N° 6. Divers papiers pour la *traite des nègres* ;

N° 7. Affaires d'Amérique acquittées, de 1751 à 1764.

On peut dire de ces liasses, qu'elles renferment les principaux documents se référant à l'emploi qu'occupait, avant la Révolution, la famille Godard.

Tout d'abord, je vous dirai qu'il y a, en Anjou, plusieurs personnes de notre nom ; qu'aucune ne nous est parente ; en effet, la famille de mon père était de Normandie, mais laissons-le parler, que de fois ne m'a-t-il pas dit :

« Nous étions trois frères et je me rappelle fort
« bien qu'étant enfants, chacun de nous avait à son
« service un petit nègre ; c'était un usage assez
« répandu dans les familles d'armateurs. En France
« nos parents possédaient à Honfleur, à Ablon, etc.,
« diverses propriétés, lesquelles n'avaient pas l'im-
« portance des valeurs mobilières de la famille.

« La révolte des nègres et l'abolition de la traite
« qui sur plusieurs points de l'Amérique tarirent,
« provisoirement du moins, les sources de l'agricul-

[1] Dans la chapelle de Notre-Dame-de-Grâce, à Honfleur, on voit une peinture (vœu de marins dans la tempête) représentant le trois-mâts le *Roland*. C'est un tableau de la fin du XVIII° siècle.

« ture et du commerce devinrent pour nous, comme
« pour beaucoup d'autres Français, la cause d'un
« véritable effondrement.

« Des immeubles prisés quatre-vingt-dix mille
« livres furent tout ce qui nous resta de la fortune
« de mon père Charles Godard et de sa femme Mar-
« guerite Picot.

« Naturellement les négrillons disparurent et il
« fallut songer, par le travail, à se faire un avenir.
« Puis je me trouvai, vers ma quatorzième année,
« en pleine Révolution, époque où les études latines
« furent à peu près partout négligées. Mon instruc-
« tion naturellement s'en ressentit et ne trouvant
« plus la ressource d'étudier pour obtenir des de-
« grés je ne pus que prendre la voie du com-
« merce.

« Sur ces entrefaites, atteignant vingt-quatre ans,
« ma bonne mère voulut me marier avec une de
« mes cousines, M¹¹ᵉ de Lacroix, habitant sa terre
« d'Hérupé, près de Bolbec ; c'était en l'an X, le
« projet n'eut pas de suite.

« A quelque temps de là, me trouvant au Havre,
« j'appris que la riche manufacture des tabacs de
« MM. Delafraye, Chaussé, de Longuemard et Cⁱᵉ,
« était en recherche, pour ses débouchés, d'entre-
« poseurs honnêtes et solvables. De longues et
« pressantes démarches furent faites en ma faveur,
« à ce sujet, par des amis communs et notamment
« par M. Hébert, jeune, lui-même entreposeur de
« tabacs à Honfleur.

« C'était le 10 février 1806 qu'il me fit appeler,

« avec M. Victor Gaillard, pour nous dire que
« MM. Delafraye, Chaussé, de Longuemard et Cⁱᵉ, du
« Havre, songeant à établir à Angers un entrepôt
« de leurs tabacs avaient eu la complaisance de le
« lui offrir, mais qu'après avoir réfléchi à leur pro-
« position, *il avait osé demander que l'entrepôt d'An-
« gers nous fût confié.*

« Ces Messieurs nous accueillirent bien, en exi-
« geant toutefois qu'une inscription hypothécaire
« frappât mes biens à titre de garantie, ce qui me
« parut juste. .

« Je m'y engageai tant pour moi, que pour mon
« ami Victor Gaillard qui ne possédant pas d'im-
« meubles, ne pouvait donner hypothèque, et le
« 6 mars 1806, nous fûmes officiellement nommés
« entreposeurs à Angers. Mais avant notre départ
« pour cette ville, nous rédigeâmes, M. Gaillard et
« moi, en date du 15 mars courant à Honfleur, un
« acte de Société où il fut convenu que nous donne-
« rions « *tous les ans sur les profits qu'il plairait à
« Dieu de nous envoyer deux pour cent des dits béné-
« fices nets, lesquels seraient versés, moitié à l'agence
« des secours de la ville d'Angers et moitié à celle de
« la ville d'Honfleur.* »

« Sous ces auspices nous ne tardâmes pas à nous
« rendre à Angers où nous établîmes notre bureau
« rue Beaurepaire, n° 37, près des ponts.

« La douceur angevine, sans jamais nous faire
« oublier notre chère Normandie, dissipa peu à peu
« néanmoins, en nous, le mal du pays. Nos affaires
« commençaient à bien aller. Fabricants, négociants

« et cultivateurs de tabacs s'entendaient ensemble.
« A propos de ces derniers, on ne sait plus guère
« qu'avant le monopole, la culture du tabac se faisait
« librement en Anjou. Le 27 février 1811 on consta-
« tait qu'elle s'élevait à 3,777 kilogrammes 20 déca-
« grammes, seulement pour les communes d'An-
« gers, de Saint-Sylvain, Mazé et Ingrandes [1].

« Notre entrepôt devenant prospère, je dus songer
« à m'établir ; nous avions alors de l'ouverture dans
« beaucoup de bonnes maisons. Une respectable
« dame, Mme Courballay, appartenant à l'une des
« plus riches familles bourgeoises de l'Anjou, s'en-
« tremit avec une bonté de mère à cet effet ; aussi
« moins de deux ans après mon arrivée à Angers,
« fit-elle tant et si bien, que le 26 octobre 1807 je
« signai mon contrat de mariage avec Mlle Angé-
« lique Grignon, fille de M. Augustin Grignon du
« Moulin et de dame Louise Lehou, propriétaires,
« demeurant à Saint-Georges-des-Mines, devant
« Nivelleau, notaire impérial, résidant à Ambillou ;
« et le lendemain 27 octobre le mariage civil se fit à
« la mairie de Saint-Georges-des-Mines et ensuite à
« l'église.

« Nos affaires d'entrepôt prospéraient et aussi
« mon union avec ma bien-aimée femme qui,
« le 11 septembre 1810, me donnait un fils,
« né rue Beaurepaire, baptisé sous le nom de
« Victor. »

[1] Peut-être reviendra-t-on à la culture du tabac en Anjou, si
le vœu du Conseil général de Maine-et-Loire, émis en septembre
1883, est adopté par le Gouvernement.

J'arrête ici la narration de votre bisaïeul pour vous dire, chers enfants, que le Victor en question, c'est moi et que désormais je vais reprendre la parole.

Cette année 1810 devait ne pas tarder à être fatale à mon père ainsi qu'à son associé M. Gaillard ; en effet, nous lisons dans une circulaire datée de Strasbourg, 5 janvier 1811, signée *Ganzinotti et Cie* adressée à MM. Godard et Gaillard qui avaient obtenu de la manufacture du Havre, l'autorisation de traiter avec Strasbourg, nous lisons, dis-je, ce qui suit :

« Le décret impérial du 29 décembre dernier (1810) « arrête dès ce moment la fabrication des tabacs « chez les fabricants, l'approprie au gouvernement, « ainsi que la vente exclusive à partir du 1er juillet « prochain (1811) et fixe jusqu'à cette époque, à « 13 décimes (26 sous) par kilogramme, l'impôt sur « les tabacs à mesure qu'ils sortiront des fa- « briques. »

Puis la circulaire se termine ainsi : « La cessation « de nos liaisons avec vous, doit nous faire éprou- « ver les plus vifs regrets, etc. »

C'était la ruine de mon pauvre père qui non seulement allait cesser d'être entreposeur, mais que l'énorme impôt de 13 décimes par kilogramme, atteignait aussi d'une façon désastreuse. Il s'arme de courage, puis afin de sauver les intérêts de ses créanciers — qui étaient plutôt ceux de l'État — on le vit tomber, avec une chrétienne résignation selon le proverbe normand : *d'évêque,*

meunier. Et ce fut à grand'peine encore qu'il par-
vint à obtenir un simple bureau de tabac. Il avait,
sans doute, les meilleurs droits à être nommé *entreposeur*, puisqu'il excerçait cette profession depuis
plus de quatre années à Angers, mais il n'était pas
en faveur, à cause de ses opinions légitimistes et
d'un autre côté, il avait un caractère fort indépendant ; double tache à cette époque qui lui valut toutefois une bonne clientèle, car la noblesse et le
clergé se firent un devoir de prendre leur tabac à
son modeste bureau, qu'il établit rue Saint-Aubin,
section E, n° 21. Cette maison qu'il occupa de 1811
à 1823, vient d'être démolie pour prolonger la rue
des Lices. C'était dur de tomber ainsi deux fois, et
sans sa faute, dans le cours de sa vie, mais ce qui
ne tomba pas, ce fut l'honneur, car avec les produits
de son bureau il fit face au remboursement de tous
ses créanciers et aux frais de notre éducation. Il savait, d'ailleurs, qu'un jour une situation meilleure
nous attendait, du fait des parents de notre excellente
mère. Après ces tribulations, il avait bien droit à
quelque repos. Aimant passionnément le jardinage
il s'y donnait carrière dans une boisselée de terre
près du Lycée ; ce fut là qu'il commença la culture
de cette magnifique espèce de melons qu'en souvenir de son cher pays il qualifia de melons d'Honfleur. Ils pesaient jusqu'à vingt livres. Épris de plus
en plus de l'amour du jardinage il se promit, en
quittant son bureau, vers 1823, d'aller demeurer
avec notre douce et bonne mère sur la route des
Ponts-de-Cé pour y vivre avec tout l'attrait de la

simplicité, dans le calme de la campagne ; mais
Dieu voulut encore l'éprouver : Donc, aux vacances
de 1823, nous nous trouvions tous les quatre réunis
mon père, ma mère, ma sœur Angelina et moi,
chez nos grands parents, M. et Mme Grignon du
Moulin à leur propriété de Saint-Georges-Châte-
laison. Je ne puis me rappeler sans émotion nos
petites courses à travers la campagne, cueillant
coquelicots et pâquerettes... C'était trop de bonheur,
car au retour d'une promenade nous apprenons que
notre mère se trouvait mal. Le reste des vacances
se passa dans des inquiétudes mêlées d'espérances.
Sur ces entrefaites, il me fallut reprendre à Angers
mes études, nous demeurions encore rue Saint-
Aubin ; je partis, laissant après moi tout ce que
j'aimais. En quittant ma mère alitée je vois encore
la place où me précipitant à son cou, notre adieu
sembla dire c'est le dernier ; ce le fut en effet. Re-
venu à Angers, je me remis au travail. Deux mois
se passent, avec alternative de médiocres et mau-
vaises nouvelles. Une lettre cependant m'annonce
un mieux certain, mais voilà que dans la nuit du
17 au 18 décembre (1823) un songe affreux m'op-
presse ; on frappe à la porte ; c'est un exprès qui
m'annonce que ma mère étant fort mal, il faut
partir... hélas, je devinai... elle était morte et seul
je fus privé de ses derniers instants.

Deux fois brisé par des revers de fortune, mon
pauvre père le fut bien davantage par cette mort.

A son retour à Angers, il ne tarde pas à s'occuper
de son déménagement de la rue Saint-Aubin, pour

aller habiter route des Ponts-de-Cé, le *Petit-Chau-mineau* qu'avait quitté la famille Jubin et aupara-vant Louis Proust, célèbre chimiste, membre de l'Académie des sciences [1].

En cet endroit retiré et si convenable à nos peines, nous vécûmes d'économie de 1823 à 1833, époque à laquelle je laissai momentanément ce lieu modeste et chéri, pour aller faire mon droit à Paris. Mais aux vacances ce m'était un bonheur de reve-nir à ce gîte d'où je rayonnais çà et là vers Saint-Georges-des-Mines, Doué, Saumur et Saint-Rémy-la-Varenne. En ces lieux, dolmens, peulvans et la vieille abbaye de Saint-Maur décidèrent de ma vocation d'archéologue.

Mon droit fini, vers 1837, je quittai Paris et la rédaction de l'*Artiste*, pour rentrer au *Petit-Chau-mineau*. Là, je m'engageai, avec mon ami Cosnier, à lui écrire, moyennant quatre mille francs, les deux volumes de l'*Anjou et ses Monuments* qui, en moins de trois ans, furent achevés, puis publiés, le premier volume en 1839 et le second en 1840. J'y travaillai même la nuit et souvent aussi en pleine campagne, lorsque, sac au dos, avec Hawke, mon dessinateur, nous parcourions à pied l'Anjou. Que de bonnes causeries ensemble! et bien sûr sans être du même camp; mais l'art, l'histoire et l'archéologie nous unissaient.

Toutefois le temps approchait où le *Petit-Chau-*

[1] Voir ce que j'en ai écrit, *Bulletin de la Société industrielle d'Angers*, nᵒˢ 2-3, 23ᵉ année, et *Nouvelles archéologiques*, nᵒ 32 *bis*.

mineau allait être définitivement abandonné et je l'avoue ce ne fut pas sans regret, car sous son humble toit que de doux souvenirs ! souvenirs de famille, souvenirs d'amis dont les noms se retrouvent dans la *Gerbe*, publication qui ne compte que de rares survivants : les Pavie, Léon Cosnier, l'abbé Jules Morel, de l'*Univers*. Ce n'est pas gai de semer ses morts le long de sa route ; si, comme chez les Romains, cette route est une voie sacrée, c'est plus encore une voie douloureuse. Laissons-là ces tristesses, pour revoir le Petit-Chaumineau non plus à l'époque où les *Gerbiers* s'y donnèrent souvent rendez-vous, mais au moment où deux projets d'alliance, savoir : de ma sœur avec M. Édouard Poitou, et de Mlle Arsène Faultrier avec moi, allaient s'effectuer.

. Le même jour (5 mai 1838) nous nous mariâmes à la Mairie d'Angers ; il en fut autrement du mariage à l'église : ma sœur à Saint-Laud le 7 mai et moi au Lion-d'Angers le 9, reçûmes la bénédiction nuptiale.

De ce jour, le Petit-Chaumineau devint veuf de tout son monde, car ma sœur suivit son mari aux Bouillons, commune de Tigné, accompagnée de mon père ; et moi j'allai demeurer, rue Toussaint, chez Mlle de la Villebiot qui portait à votre grand'-mère, sa filleule, chers enfants, une bien douce et tendre affection.

Et depuis lors, que d'événements dans nos familles que de naissances et de décès !

Mon père passa les sept dernières années de sa vie

aux Bouillons[1], avec sa fille et son gendre, partageant son temps entre la prière, le jardinage et la lecture, surtout la lecture de voyages maritimes ; en pouvait-il être autrement de lui : fils et petit-fils de vieux capitaines loups de mer ? Et chose explicable, mon cher Hippolyte, n'a jamais cessé d'avoir les mêmes goûts. Mon pauvre père mourut en novembre 1845, âgé de soixante-sept ans, et fut enterré à Tigné ; les ossements de ma mère ont été vers cette époque exhumés du cimetière de Saint-Georges-des-Mines et déposés près de la tombe de son mari ; deux croix de pierre, unies par une sorte d'autel, indiquent le lieu de leur double inhumation.

De ses deux frères, un seul laisse aujourd'hui postérité par dame Louise Godard, mariée à M. Alphonse du Breuil (voir aux notes).

Je m'arrête afin de passer à la famille de ma mère.

---

[1] Son portrait à Tigné est d'un beau travail d'Alfred Menard, peintre quelquefois médiocre mais, à son heure, excellent artiste, né à Cholet, décédé à Sainte-Gemmes-sur-Loire, le 17 octobre 1870.

FAMILLE GRIGNON

~~~~~~~~

Des immeubles assez considérables que la famille Grignon possédait, vers 1734, sur les paroisses de Louerre, Noyant, Ambillou, Cunault, Saint-Rémy-la-Varenne et Couture, on peut conclure qu'elle était originaire de ces contrées et depuis un temps immémorial, car les divisions de ses terrains en multiples parcelles de une à cent boisselées, indiquent que les acquêts s'étaient effectués successivement au fur et à mesure des gains.

Quoi qu'il en soit nous n'avons pu remonter par actes certains au delà de 1734 [1], époque où le sieur François Grignon de la Guiberdière, marchand-fermier, épousa dame Anne-Marie Commeau, de

---

[1] M. Ernest Grignon a trouvé à Louerre des actes plus anciens remontant au XVIIe siècle (voir aux notes).

Gohier, tous les deux décédés à Louerre. De quinze enfants qu'ils eurent, huit seulement vinrent à partage en 1787, savoir :

I. Grignon (Marie-Madeleine), mariée à Jean Merlet, marchand-fermier à Chavagnes ;

II. Grignon (François), marchand-fermier à Forges, dit Grignon de Douces, marié à Madeleine Sancier ;

III. Grignon (Angélique), mariée à Grignon (Pierre), à Doué ;

IV. Grignon (Alexandre), marchand-fermier, à Grezillé ;

V. Grignon (Jeanne-Renée), mariée à Bruneau (Pierre), marchand-fermier à Cizay ;

VI. Grignon (Louis), le général, marchand-fermier à Cerçay (Argenton-Château) ;

VII. Grignon (Augustin), marchand-fermier à Louerre, autrement Grignon du Moulin ;

VIII. Grignon (Nicolas), marchand-fermier à Concourson.

Total cinq garçons et trois filles [1] qui, je le répète, vinrent à partage le 29 mai 1787, avec obligation de faire chacun une rente viagère de 250 livres à leur mère Anne-Marie Grignon, née Commeau, total 2,000 livres, ce qui pour l'époque n'était pas une petite rente. Du reste, le lot de chaque enfant vaudrait, de nos jours, de quatre-vingt-dix à cent mille francs, puisque cette dernière somme est celle

[1] Extrait pour partie du tableau généalogique de la famille Grignon, par M. Charles Bruas, copié à Gohier, chez M. le docteur Ponceau, le mardi 16 juin 1875, par G. Rogeron.

que j'ai retirée de la vente du *septième lot* qui, de père en fils, m'est parvenu.

La famille Grignon était donc aisée et relativement riche, bien avant la Révolution ; dès le milieu du xvii° siècle, des contrats de mariage en qualifient les membres d'*honorables personnes ;* aussi occupait-elle un bon rang dans la *bourgeoisie rurale ,* qui se composait alors d'agriculteurs vivant sur leurs terres, y ajoutant les fermages de biens ecclésiastiques ou de riches familles nobles ; et c'est d'où leur vint leur qualité de *marchands-fermiers ;* situation plus élevée qu'on ne le croit généralement, car par l'absence des seigneurs de leurs manoirs et par les longs baux que ceux-ci donnaient aux fermiers, ceux-là venaient souvent aux lieu et place des maîtres dans l'exercice de certains droits féodaux, exercice qui conférait naturellement *en fait,* une influence locale persévérante et incontestée sur les populations rurales.

La qualification de *marchand-fermier* se retrouve dans les meilleures familles, par exemple : « Michel « Falloux, lieutenant au siège de l'élection d'An- « gers, sieur du Lys, était fils d'Antoine Falloux, « *marchand-fermier* en la paroisse de la Lande des « Verchers ; il fut nommé maire d'Angers, le « 1er mai 1711-1712 et *continué en* 1713-1714[1]. »

Ajoutons que parmi les membres de cette classe rurale qui avait alors l'avantage de lutter contre ce qu'on nomme de nos jours l'*absentéisme* des cam-

[1] Port, au mot *Falloux.*

pagnes, beaucoup auraient pu vivre de leurs revenus ; mais comment de ne pas s'ennuyer en dehors des villes, sans une occupation quelconque ? Et comment faire autre chose que de veiller à ses foins, à ses grains, à ses vignes, puis d'en tirer le plus avantageux parti ? De ce besoin de distraction et d'intérêt naquit cette classe aisée dite de *moyenestat* laquelle comptait un grand nombre d'agriculteurs, se qualifiant, je le répète, de *marchands-fermiers*, gens à l'occasion poudrés à blanc, portant manchettes et catogan, comme en témoignent les récits de nos grand'mères et aussi quelques portraits au pastel.

C'était encore le temps où les mœurs plus sérieuses s'épanouissaient dans le cercle de nombreux enfants : cinq, dix, quinze n'étonnaient point. Il est vrai que nos grand'mères puisaient au grand air de la campagne des forces qui s'étiolent dans nos cités. Et ces familles en étaient-elles moins aisées ? pas du tout, à la naissance de chaque enfant il était rare que le père par son industrie, son travail et les économies redoublées ne trouvât pas moyen d'ajouter une métairie à ses métairies ce qui faisait dire à nos grands parents, que je me plais à citer, c'était là le bon temps ! Du reste l'instruction qu'on recevait dans nos familles de *moyen-estat* était également la mesure de leur situation sociale ; c'est ainsi que mon grand-père Grignon du Moulin avait fait toutes ses études et que personne mieux que lui ne citait à propos Horace et Virgile. Les Grignon avaient reçu leur éducation au

collège de Doué, alors très florissant. Cette classe
moyenne avait déjà pour elle l'aisance, l'influence
locale et l'instruction ; elle commençait à comprendre sa force ; ajoutez, que je ne sais quel
souffle indépendant se manifestait dans l'air ; on
était en 1787, et quand nos braves marchands-fermiers allaient aux foires et même jusqu'à Paris
vendre leurs produits, beaucoup en revenaient
pénétrés de théories nouvelles ; il n'était pas rare
de voir aussi dans leurs bibliothèques, figurer au
premier rang, l'*Encyclopédie*.

La Révolution approchait, avec son cortège, mé-
langé de notions les unes fausses et dangereuses,
les autres vraies ; elle approchait, non sans semer
la division au cœur des familles et c'est ce qui ne
manqua pas de se manifester à tous les degrés de
l'échelle sociale, depuis les princes voisins du trône
jusqu'à nos plus simples bourgeois ruraux. La
famille Grignon, comme tant d'autres, ne sut point
échapper à ce courant d'idées. Par exemple elle ne
cessa jamais, que je sache, de répudier les actes de
Louis Grignon, dit Grandmaison, fanatique révolutionnaire qui, retraité après 1806, avec le grade de
général de division, devint entreposeur de tabacs à
Angoulème, emploi que la Restauration lui laissa
bienveillamment exercer jusqu'à son décès, arrivé le
24 décembre 1825, veuf de demoiselle Perrine-
Louise Desportes. Je souligne *bienveillamment*, car
je doute que les libéraux de ce temps-là eussent fait
de même envers les amis du gouvernement de
Louis XVIII.

Sa défense par lui-même se fonde sur son obéissance aux ordres donnés par le général Thureau [1].

Sans nous engager à dire tout ce que nous savons de chacune des *huit branches Grignon* nous les passerons en revue néanmoins avec quelque détail, quand surtout les faits qui s'y réfèrent auront un sérieux intérêt.

La branche première est incontestablement celle qui en a le plus.

PREMIÈRE BRANCHE

GRIGNON (Marie-Madeleine) mariée à Jean MERLET qui fut président du district de Vihiers, décédé en 1793.

PREMIÈRE SOUS-BRANCHE

Jean-François-Honoré MERLET, marié à demoiselle CLÉMENT

Jean-François-Honoré Merlet, né le 25 septembre 1761, à Martigné-Briant, étudiant en droit à l'Université d'Angers, fut avocat à Saumur, député à l'Assemblée législative en 1791, où le 4 et le 9 avril 1792 il s'éleva énergiquement contre la traite

[1] Voir son *Mémoire* (S. L. N. D., Hérissant, in-8° de 84 pages).

des nègres. Bizarre rapprochement ! c'était quelques années avant cette époque, chers enfants, qu'un autre parent, mais dans la famille Godard, ne répugnait point, comme les anciens armateurs à pratiquer cette traite, odieuse de nos jours et qui semblait alors toute naturelle.

M. Merlet, le 26 juillet 1792, devint vice-président de la législative et le 7 août président.

« On n'explique pas, dit Port, comment au 10 août
« il n'assistait point à la séance de nuit. Plus tard,
« à la séance ordinaire, trouvant le fauteuil occupé
« par Lafond-Ladebat il alla prendre place auprès
« du roi qui le fit asseoir et causer. »

Il est reçu dans notre famille et avec un vif sentiment d'honneur que pendant cet entretien M. Merlet eut longtemps le dauphin sur ses genoux (témoignage de M. Grignon du Moulin mon grand-père et oncle de M. Merlet). Ce fut peut-être à cet acte honorable, ainsi qu'à sa modération, qu'il dut de n'être pas réélu à la Convention. Les jacobins l'inquiétèrent même à ce point qu'il se vit obligé de se réfugier sur les confins de la Vendée. La chute de Robespierre lui rendit la sécurité et aussi lui rouvrit accès à la vie publique, et le 9 frimaire an IX, il accepta les fonctions de préfet de la Vendée où durant huit années d'administration il se fit aimer par son empressement à faire réintégrer les émigrés dans leurs biens et le clergé dans une meilleure situation. Et comme me le disait un honorable légitimiste de Luçon, M. de Hillerin, dont l'une des filles épousa votre cousin Grignon de la Jestrie : « On garde

« encore le souvenir de tout le bien qu'a fait
« M. Merlet dans la direction des travaux qui lui
« furent confiés afin de métamorphoser le bourg de
« la Roche-sur-Yon en véritable ville (Napoléon-
« Vendée). » Trois millions furent employés à cet
effet [1].

M. Merlet fut successivement nommé commandeur de la Légion d'honneur le 14 juillet 1804 ;
maître des requêtes en service extraordinaire, le
11 juin 1806 ; préfet de Maine-et-Loire, le 12 février 1809, et de la Roère, le 18 du même mois,
mais il n'accepta pas. Un décret du 17 mars même
année, l'appelait à la haute situation de président
du magistrat du Rhin. A cette occasion il résidait à
Strasbourg avec de très forts appointements, de
grands pouvoirs administratifs et diplomatiques.
Un nouveau décret du 15 août, le fit baron de l'em-
pire. Vers le même temps, chers enfants, un autre
parent, mais du côté Faultrier, M. Pierre-Urbain-
Lezin Boreau de la Besnardière recevait le même
honneur.

M. Merlet trop indépendant pour être à la merci
des caprices du gouvernement, crut devoir se démettre en 1812 de ses fonctions actives. On ne sait
guère pourquoi il accepta, cependant, la charge de
conseiller d'État pendant les cent jours ; il dut y
avoir été vivement sollicité, car ce fut avec bonheur
qu'il alla se reposer de ses fatigues à sa terre du
Pont-de-Varenne, acquise d'un des héritiers de

[1] Voir aux notes.

M. de Foulon, sorte de fraîche oasis émergeant des plaines brûlantes de Doué et Rochemenier. Il mourut en décembre 1830, et fut inhumé dans le modeste cimetière de Rochemenier sous une tombe plus modeste encore, du moins lorsque je la visitai.

M. Jean-François-Honoré Merlet eut quatre enfants, savoir :

1° Mlle Eugénie Merlet, mariée à M. Genet, directeur de l'enregistrement, originaire d'une famille noble d'Amiens et parent de Mme Campan, née Genet.

De M. Genet-Merlet sont issus :

M. Alexandre Genet, général du génie, commandeur de la Légion d'honneur, marié le 16 juillet 1838 à demoiselle Élisabeth-Marie Merlet, née aux Rosiers, le 26 février 1818. Le général Genet a de beaux états de services. (Voir aux notes.)

Mlle Eugénie Genet, sœur du précédent, mariée au fils [1] du général baron de Stabenrath, mère de Mme Defaure et d'Eugène de Stabenrath, capitaine d'état-major démissionnaire.

2° Demoiselle Caroline Merlet, mariée à M. de Stabenrath, officier supérieur, dont Mme Melcion d'Arc. Il est de tradition officieuse que cette famille d'Arc serait apparentée à l'héroïne de ce nom ;

3° M. Jean-Jacques Merlet, ancien sous-préfet de

---

[1] Magistrat à Rouen et archéologue distingué. Nous lui devons dans l'*Anjou et ses monuments* un curieux procès-verbal extrait du *Mercure Français*, savoir : Entrée de Marie de Médicis à Angers, 1619.

Beaupreau, tué par accident à Paris, lors de la mêlée du coup d'État du 2 décembre 1851, sur le boulevard Bonne-Nouvelle.

C'est de cette mêlée que V. Hugo dans ses *Châtiments*, disait :

> « Soldats. . . . .
> « Feu ! feu ! tu voteras ensuite, ô peuple roi !
> « Sabrez le droit, sabrez l'honneur, sabrez la loi ! »

4° M. Camille Merlet, officier de cavalerie, marié à Mlle Ruffin, dont trois enfants :

Le capitaine baron *Louis Merlet*, dame *Thérèse Bernier*, puis demoiselle *Gabrielle Merlet*, dont la charité est justement appréciée des habitants de Rochemenier.

Le baron Louis Merlet (voir aux notes) s'est marié à Rochefort-sur-Mer avec demoiselle Jure, fille d'un inspecteur général des services administratifs de la marine et commandeur de la Légion d'honneur (trois enfants : Béatrix, Gabriel et Louis Merlet).

M. Jure me parlant un jour de l'influence française, en Orient, me disait :

« Comme, vers 1841, j'étais lieutenant de vais-
« seau, naviguant près de Smyrne je fus chargé de
« la part du chef d'escadre de descendre à terre et
« de commander deux compagnies de marins, dési-
« gnées pour assister à une procession du Saint-
« Sacrement que devaient faire les Lazaristes. »

Ici j'interrompis le narrateur : C'est mieux qu'en France où de nos jours les processions ne sont que très exceptionnellement tolérées.

« Mieux encore, reprit-il, car le gouvernement de
« Smyrne crut devoir envoyer à l'auguste cérémonie
« un piquet d'honneur, dont le chef eut mission de
« se mettre sous mes ordres, et à ce point que,
« quand je commandais à nos marins : *Genou terre,*
« le piquet turc exécutait le même mouvement ; je
« n'en pouvais croire mes yeux. »

Quelle haute mission avait alors la France en
Orient !

Il me cita d'autres épisodes où se révèle l'influence française par le catholicisme ; par exemple,
un jour que, de hasard, le gouverneur de Smyrne
tournait ses regards du côté du Mont-Pagus où fut
martyrisé saint Polycarpe, il aperçoit de faibles
femmes cueillant des herbes ; il apprend qu'elles
sont sœurs de Saint-Vincent-de-Paul et que cette
cueillette leur sert à la préparation de médicaments.
Le Mont-Pagus, se dit-il, est peuplé de brigands,
envoyons un de nos officiers pour assurer la sécurité de ces excellentes sœurs, et les bonnes religieuses à chaque herborisation trouvèrent en lui
une Providence.

A Paris on les chasse des hôpitaux !

DEUXIÈME SOUS-BRANCHE

M. Louis MERLET, marié à demoiselle Marie-Clémentine TESSIÉ DE LA MOTTE

M. Louis Merlet a laissé les meilleurs souvenirs
d'homme affable et distingué. Mon père m'a toujours

parlé en excellents termes de son dévouement à sa famille, notamment à l'égard de sa sœur, M{ᵐᵉ} Boré, dans l'intérêt de laquelle il se fit recevoir percepteur à Angers, après la mort de M. Boré qui avait occupé cette charge.

Sans cette position M. Louis Merlet eut pu, comme son frère le conseiller d'État, prétendre par ses mérites à une haute situation. Déjà conseiller général, puis à deux reprises maire de Martigné-Briand il n'aurait tenu qu'à lui d'être député, mais pour les motifs ci-dessus allégués il crut ne devoir accepter aucune candidature.

Son épouse dame Marie-Clémentine Tessié de la Motte, n'eut pas moins de dévouement à sa famille; c'était une femme de cœur et ce qui est plus rare, une femme de tête. Mon père ne tarissait point sur la rectitude de son jugement et la fermeté de son caractère; il se trouva toujours bien de ses conseils; ces choses-là ne s'oublient pas.

De l'union de M. Louis Merlet avec dame Marie-Clémentine Tessié sont issus :

1° *M. Henri Merlet*, juge suppléant au tribunal de commerce d'Angers, *marié à demoiselle Virginie Brichet*, dont :

M. Jules Merlet, chevalier de la Légion d'honneur. Il fut préfet de Maine-et-Loire, du 18 juin 1873 au 17 juin 1876 et reçut le maréchal de Mac-Mahon, président de la République. A quelque temps de là (20 février 1876) il eut la douleur de perdre au même hôtel de la Préfecture, sa jeune femme demoiselle Ludovie Brault, originaire de

Charost (Cher), qui lui laissa deux enfants : M. René et M.ⁱⁱᵉ Gabrielle. Porté à la députation dans l'arrondissement de Baugé vers 1877, il n'échoua que par la faute d'un petit groupe de conservateurs mal avisés (environ 300 voix).

Administrateur intelligent et soigneux il ne pouvait manquer de laisser des regrets après lui, d'autant plus que son passage, comme conseiller de préfecture d'abord et ensuite comme préfet, s'effectuait à de difficiles époques dont il sut toujours se tirer avec honneur.

Il me sera bien permis de rappeler ici, que les archéologues et les habitants de Doué, lui doivent la conservation de leur vieux clocher de Saint-Denis, seul monument capable de rompre dans le paysage la monotonie des interminables plaines de cette contrée ; son clocher démoli, Doué certainement eut cessé d'avoir l'aspect d'une ville. Comme maire de Martigné-Briand, il a constaté le 13 juin 1883 officiellement la présence du phylloxera sur sa commune, et le premier en Maine-et-Loire il a pris un arrêté pour veiller à l'exécution des moyens de le combattre.

M. Raymond Merlet, chevalier de la Légion d'honneur, chef d'escadron de cavalerie en retraite, au 6ᵉ chasseurs, marié à demoiselle Guynoiseau-Joubert, nièce de M. Achille Joubert, sénateur, et de M. Ambroise Joubert, ancien député. (Quatre enfants : Henriette, Henri, Félix et Thérèse.)

M.ⁱⁱᵉ Berthe Merlet, décédée à Martigné-Briand, le 8 janvier 1858, inhumée dans la chapelle des mines

6

de Sainte-Barbe, commune de Chalonnes, épouse de
M. de Las-Cases, qui veuf entra dans les ordres et
devint évêque de Constantine et d'Hippone.

Son mariage avec M{ile} Merlet en fit un *angevin
d'adoption ;* plus tard son alliance avec l'Église, un
prédestiné à la sainte mission de renouer sur la
terre d'Augustin les anneaux de la chaîne chrétienne brisés depuis tant de siècles.

A l'Anjou donc Constantine doit sa crosse épisco-
pale comme la France africaine doit à notre province, l'épée de sa conquête, dans les mains de
deux héros illustres : Bourmont et Lamoricière.

2° Demoiselle Marie-Clémentine Merlet, mariée à
M. Auguste Brichet, ancien élève de Saint-Cyr, plus
tard médaillé de Sainte-Hélène, ancien maire de
Sceaux, ancien notaire à Angers et fils de l'honorable député de ce nom, dont :

M. Paul Brichet, ancien maire de Sceaux et conseiller d'arrondissement, marié à demoiselle Mon-
tauzet (deux enfants : Christine et Paul).

Demoiselle Marguerite Brichet, mariée à M. le
baron Pinoteau, officier supérieur d'état-major,
ayant à son actif trois campagnes : Orient 1854-1855,
Italie 1859, France 1870-1871 ; deux blessures
Orient et Italie. Cinq enfants Maurice, Henri, Raymond, Marie-Hélène et Étienne. (Voir aux notes.)
Ici c'est le cas de faire remarquer que les habitants
de Sceaux sont en partie redevables à Mme Auguste
Brichet et à M. Paul, son fils, de la reconstruction
de leur église et que lors de sa bénédiction, par
Mgr Freppel, M. et Mme Brichet tinrent à honneur de

recevoir l'éminent prélat à leur château de Launay.

Ce château fut construit par M. Auguste Brichet sur les plans de l'architecte Moll, à la place d'un autre plus ancien et célèbre par un drame qui dans une même nuit eut pour théâtres : le logis Barrault (*nunc*, Musée de peinture) et le château de Launay.

Dans ce drame on trouve au xvi⁰ siècle : meurtre de Brie-Serrant, prison de Launay-le-Maçon accusé du crime, enfin renvoi du prévenu après trente six ans de détention sans qu'il ait pu être justifié ni convaincu. (Voir nos Causeries historiques sur quelques châteaux de l'Anjou, *Société industrielle d'Angers*, en 1841.)

Le nouveau château de Launay dans lequel Mᵐᵉ Brichet a su réunir avec un goût parfait, de précieux objets d'art, faillit être brûlé tout entier le dimanche 4 mars 1883. Grâce aux secours venus du dehors, avec d'autant plus d'empressement que la famille Brichet est par ses bienfaits, fort aimée dans le pays, la toiture seule, quelques cloisons et le mobilier des mansardes furent incendiés. Les pompiers de Champigné, ayant à leur tête M. Guilleux, se sont fait remarquer d'une façon spéciale dans le service des pompes, l'organisation des chaînes et le sang-froid.

3° *Demoiselle Marie-Louise Merlet*, mariée à son oncle, M. Eugène Tessié de la Motte, député, officier de la Légion d'honneur, père de Mˡˡᵉ Nélie Tessié, mariée à M. Alfred Voisin, fils de l'ancien receveur général de Maine-et-Loire, dont un fils

M. Albert Voisin, et une fille mariée au fils du comte Guyot. En Algérie est une cité de ce nom : *Guyot-Ville*. L'aïeul de M. Guyot-Voisin, le général Guyot, eut l'honneur d'être mentionné dans le testament de Napoléon Ier.

Ici j'ouvre une parenthèse pour dire que, délégué sénatorial vers 1876, et assistant en cette qualité à une séance préparatoire, tenue dans un local voisin de la maison Janvier, sur le Mail, j'eus l'avantage d'entendre M. Tessié soutenir cette thèse qu'il lui semblait étrange qu'un siège de sénateur ne fût pas réservé à l'homme d'État supérieur, à l'élégant écrivain, à l'ancien député, à l'ancien ministre qui en des temps périlleux, avait su rendre de si nobles services à son pays.

Tout cela fut dit d'une façon si pleine de chaleur et d'élan que l'assemblée accueillit les paroles de M. Tessié avec la plus vive sympathie. Une proposition allait même se formuler à cet effet, quand un ami de M. de Falloux assura qu'il déclinait toute candidature. Quoi qu'il en soit M. Tessié eut les honneurs de la séance et M. de Falloux lui fut très reconnaissant de son éloquente motion.

4° Mlle *Elisabeth Merlet*, mariée à son parent M. Alexandre Genet, général du génie, déjà cité à la première sous-branche, dont :

Mlle Eugénie Genet, puis Mlles Blanche et Hélène Genet, mariées à deux officiers supérieurs, savoir :

1° Mlle Blanche à M. Rothé, officier de la Légion-d'honneur, commandant du génie à Reims, fils de

M. Rothé, intendant général et de dame Melcion d'Arc ; 2° Mlle Hélène à M. Malcor, officier du génie, fils du général baron Malcor.

Demoiselle Marie MERLET, mariée à M. RUFFIN

De cette union sont issus :

1° *M. Ruffin, marié à demoiselle Massot de Launay,* dont : Marie-Louise Ruffin, veuve de M. Marchenay, officier supérieur d'artillerie, père de M. André Marchenay, duquel il sera question plus loin, et demoiselle Camille Ruffin, mariée à M. Huot, lieutenant-colonel d'artillerie et officier de la Légion d'honneur.

Se rattache à cet officier distingué l'épisode suivant :

Lors du siège de Paris (1870-1871), les Prussiens avaient établi une poudrière et une batterie dans un fourré des bois de Clamart. Les marins chargés de défendre le Mont-Valérien, s'en aperçoivent, avertissent le commandant du fort d'Issy et lui indiquent, avec précision, le repaire de l'ennemi. M. Huot profite de leurs données, si bien que sans voir le lieu qu'il veut frapper, il fait lancer un obus dans la direction voulue et du premier coup atteint la poudrière prussienne qui vole en éclats.

Dans le panorama représentant le siège de Paris, le fort d'Issy qui avait le plus souffert ne pouvait être oublié ; on y distinguait un groupe de quatre officiers supérieurs, en tête desquels M. Huot; tous suivant, avec anxiété, du regard les effets de l'obus dont l'explosion s'épanouit, comme un large bouquet, sur la scène entière. (Voir aux notes.)

Mentionnons ici que Mme Ruffin, née Massot de Launay a eu le bon goût de faire réparer sa curieuse chapelle de Saulgé-l'Hôpital, édifice de la fin du XIIe siècle (style Plantagenet). Les amis de l'*Histoire d'Anjou* en gardent mémoire.

2° Demoiselle Virginie Ruffin, mariée à M. Camille Merlet, son cousin germain, déjà cité à la première sous-branche, comme aussi leurs trois enfants.

QUATRIÈME SOUS-BRANCHE

Demoiselle Louise MERLET, mariée à Jean-François BORÉ, receveur des contributions à Angers.

Jean-François Boré, dont un portrait existe chez son petit-fils, M. E. Boré-Guibourd, naquit le 3 janvier 1768 au Louroux-Béconnais, prit la carrière des armes qu'il abandonna de bonne heure après avoir été successivement nommé lieutenant au 1er bataillon de Maine-et-Loire, le 15 septembre 1791 (armées du nord) ; capitaine le 1er brumaire an II (armées des Alpes et d'Italie). Démissionnaire le 2 floréal an VI, il avait mérité par sa valeur d'être porté à l'ordre du jour au combat de Saint-Barnouil (1795), Kellermann le mentionne avec avantage. Élu en l'an VII commandant de la garde nationale d'Angers il est nommé le 5 fructidor an X, receveur particulier d'Angers et meurt à Paris le 2 janvier 1812, laissant de son union avec demoiselle Louise Merlet :

1° Chéri Boré, inspecteur des eaux et forêts, décédé sans postérité ;

2° Demoiselle Emma Boré, décédée très jeune ;

3° Louise Boré, mariée à M. Frédéric Rogeron, fils d'un ancien magistrat de Beaufort avant la Révolution (deux enfants : Gustave, décédé, à Paris et Gabriel, marié à demoiselle Aline Peton) ;

4° Léon Boré, professeur de facultés, marié à demoiselle Caroline de Moy, dont : Eugène Boré, inspecteur d'assurances dans l'étendue de plusieurs départements, marié à demoiselle Charlotte Guibourd, à laquelle nous sommes alliés déjà par la famille Bessin-Faultrier (trois enfants : Eugène, Vincent et demoiselle Charlotte) ;

5° Eugène Boré, prêtre, décédé supérieur général des Lazaristes, le 3 mai 1878.

Ici, chers enfants, je vais spécialement parler des Boré. Ajoutons qu'une campagne nommée l'*Arceau*, voisine d'Angers, route de Saint-Barthélemy, servit, en tout temps, de trait d'union, entre les membres de la famille et que c'est même chose aujourd'hui, votre oncle et votre tante Rogeron continuant les bonnes vieilles traditions.

A quelle époque M. Jean-François Boré fit-il l'acquisition de cette propriété? c'est je crois, vers 1808; toutefois je suis sûr que durant la maladie de M. Boré à Paris, en 1811, mon père fut, par lui, prié de surveiller la construction des murs entourant le jardin et partie de l'enclos vers nord-est. Les premiers embellissements datent de cette époque, et ils ne peuvent être indifférents à qui se rendait à cette campagne, *comme chez soi*, et j'étais du nombre; c'était là que *tout enfants* on jouait *à barre*, on *pêchait*, on faisait tourner *la mariée du pressoir*, on chassait avec *le petit fusil* dit de famille; qu'est-il devenu? Il passait de main en main comme une relique; à tous ces exercices le plus adroit était Eugène.

Également c'était là, que *devenus grands*, dans l'allée de la charmille on causait : belles-lettres, philosophie et surtout de l'école Lamenaisienne dont Léon et Eugène furent des premiers disciples; on y chauffait à blanc l'enthousiasme pour aller à la *Chesnaie*. Sans exagérer on peut croire que l'*Arceau* fut en Anjou le point de départ de ce mouvement intellectuel, mais on peut dire aussi que pas un angevin ne suivit le maître dans ses erreurs.

Depuis ce temps l'*Arceau* s'est modifié, M. et Mme Rogeron l'ont transformé à l'avantage de cet endroit chéri; mais, hélas ! cette campagne, autrefois silencieuse, a perdu de son calme, depuis l'établissement des chemins de fer qui l'étreignent de

divers côtés. Le propriétaire lutte, il est vrai, contre
certains envahissements du sol, autant dans l'intérêt
de ses voisins que dans le sien ; et s'il a fort à faire
avec les ingénieurs, ces derniers ont aussi fort à faire
avec lui; ses articles à leur adresse pimentés de bon
sens et d'esprit souvent les déconcertent et pour
sûr les ennuient.

Faisons des vœux afin qu'ils le soient complètement et qu'ils ne viennent pas avec leurs jalons,
chaînes et graphomètre troubler la douce quiétude
de ces charmants volatiles de races variées et de
tout pays qui forment à l'*Arceau,* la plus rare collection vivante de l'Anjou[1]. Que notre grand Eugène
n'est-il plus là pour l'admirer ; lui si joyeux autrefois de voir à Paris les jolis ébats des gracieux
oiseaux du Jardin d'acclimentation ?

Et son frère Léon que n'est-il plus à l'*Arceau*
pour l'animer des charmes de sa causerie? Du moins
citons une lettre qui vous en donnera l'idée. Elle
date de cinquante-cinq ans bientôt ; il l'adressait à
mon père en même temps que l'*Imitation de Jésus-
Christ,* traduite par M. de Lamennais.

Précieuse à divers titres cette lettre initie mieux

[1] M. Rogeron possède, notamment, le cygne de Bewick, sur
lequel il a fait une étude qui lui mérita d'être, en mai 1883,
médaillé par la Société d'acclimatation.
En 1874, il le fut également pour une *Étude sur le choucas,*
par la Société protectrice des animaux ; la même Société, en 1881,
lui délivrait une autre médaille, pour sa propagande dans les
journaux d'Angers.
Mon petit-fils André, à propos du cygne de Bewick, lui dédia
sa pièce de vers intitulée : *Le Cygne*, publiée dans la *Revue des
poètes*. Paris, juin 1883.

qu'une longue dissertation à la belle époque de
l'école Lamenaisienne :

Lettre de Léon Boré.

« La Chenaie, décembre 1828.

« Pardonnez mon bien bon M. Godard, si j'em-
« ploie aujourd'hui pour vous écrire le moins de
« paroles et de papier que possible. Le temps qui
« court déjà si vite de sa nature semble encore plus
« rapide ici qu'en aucun lieu du monde ; et comme
« bien vous le pensez lorsqu'on est à telle école,
« c'est déjà trop qu'une minute enlevée aux études.
« Eugène[1] ni moi ne vous oublions, je vous l'as-
« sure ; vous êtes ainsi que le cher Victor[2] souvent
« bien souvent le sujet de nos entretiens ; lorsque
« nos cœurs se retournent vers l'Anjou, nous pen-
« sons aux objets chéris que nous y avons laissés.

« Et comment pourrions-nous ne pas conserver,
« de vous, les plus tendres souvenirs, excellent
« M. Godard, qui en toutes rencontres, nous avez
« montré un cœur de véritable ami, j'aurais dû dire
« de père ?

« Recevez, je vous prie, comme un faible gage de
« l'éternelle affection que nous vous avons vouée, le
« livre que je vous envoie pour vos étrennes de
« 1829. C'est la meilleure édition du meilleur livre

[1] Eugène, son frère, décédé supérieur général des Lazaristes.
[2] Victor Godard-Faultrier.

« qui soit parti de la main des hommes, puisque
« l'Évangile n'en vient pas, ainsi que l'a dit le déli-
« cat académicien Fontenelle. Outre le texte où
« M. de Lamennais a employé tout son génie à
« reproduire l'admirable simplicité de l'ouvrage,
« vous trouverez à la fin de chaque chapitre des
« réflexions si belles, si touchantes qu'on est tenté
« de les prendre pour un *post-scriptum* ajouté par
« l'auteur de l'*Imitation* lui-même.

« Quel plaisir n'éprouverez-vous pas à lire, chaque
« jour, quelques pages du plus beau livre du
« monde, traduit par le plus beau génie de notre
« époque.

« En même temps que votre âme y puisera
« lumière et force pour sa sanctification, votre cœur
« y trouvera un soulagement à ses peines inconso-
« lables que la plus cruelle des pertes de la vie, vous
« a faites aussi bien qu'à nous, bon M. Godard[1].
« Ce sublime ouvrage a cela de particulier qu'on ne
« peut l'ouvrir sans rencontrer et sur-le-champ une
« réponse à toutes les incertitudes, un remède à
« tous les besoins, à toutes les douleurs de l'âme
« Je ne vous dirai pas de le lire attentivement, une
« telle recommandation serait plus qu'inutile, mais
« je vous en prie, lorsque vous vous sentirez le
« cœur ému en lisant, et qu'un besoin subit de prier
« pressera votre cœur, alors mêlez mon nom aux
« paroles, aux demandes que vous adresserez à
« notre commun père qui est dans les cieux. Con-

[1] Allusion au décès de ma mère.

« vaincu que je suis de l'amitié sincère que vous me
« portez, je comprends toute la part que vous devez
« prendre au bonheur que j'ai de continuer mes
« études théologiques, sous la direction du plus
« saint, comme du plus savant prêtre de la France
« et peut-être du monde entier. Oh! si vous saviez
« bien quel homme c'est que l'ineffable abbé Félix[1]!
« Mais pour le connaître entièrement, il faut le
« voir, il faut l'entendre; il faut puiser à ses sources
« inépuisables de science et de vertu. Eugène qui
« ne songeait qu'à me conduire et qui faisait bien
« son compte de s'en aller de *La Chesnaie* faire son
« droit, n'a pas plutôt vu tout ce que valait le cœur
« et la tête de M. de Lamennais que sur-le-champ,
« et de lui-même, il s'est décidé à rester auprès de
« lui, persuadé qu'il est, que cet homme incompa-
« rable lui vaudra bien, et par delà, tous les meilleurs
« professeurs de Paris. Figurez-vous que ce grand
« Eugène étudie de front sept langues, sans compter
« la maternelle : l'*hébreu*, le *grec*, le *latin*, l'*allemand*,
« l'*italien*, l'*espagnol* et l'*anglais*. (C'est M. Félix,
« qui possédant tout cela, comme le français, lui
« donne des leçons.)

« Nous sommes ici les plus heureux, comme
« aussi j'ose le dire les plus studieux des jeunes
« gens. En deux mots *La Chénaie* est un lieu de
« délices où il semble qu'on n'est séparé du ciel que
« par un rideau que la main de l'*ineffable* soulève à

[1] Le petit nom de M. de Lamennais ; on l'abrégeait encore en
disant *Féli* tout court.

« chaque instant. Victor travaille-t-il toujours avec
« ardeur, emploie-t-il un peu les méthodes d'étude
« et de conduite que je lui ai communiquées ? Re-
« commandez lui de ne rien faire qu'avec réflexion
« et de ne pas perdre une seule heure parce que
« cette heure perdue, c'est pour toujours. Qu'il se
« nourrisse jusqu'à s'engraisser, d'abord des meil-
« leurs écrivains de l'antiquité, ensuite des meilleurs
« français qu'on leur fait connaître en rhétorique.
« Lorsqu'il sera venu à la philosophie je me charge
« de lui, si vous le voulez, M. Godard. Et j'ose vous
« répondre qu'il avancera mille fois mieux qu'au
« collège, avec ce que j'ai déjà ramassé de connais-
« sances en ce genre et bien plus avec tout ce que
« je vais acquérir ici.

« Je vous fais passer deux excellents petits ou-
« vrages de M. Félix, l'un pour Victor, l'autre pour
« Angelina [1], qu'Eugène et moi embrassons en
« même temps que vous, excellent M. Godard, de
« toute la tendresse de notre cœur.

« *Signé :* Léon. »

« Chaque fois que vous rencontrerez M. Pasquier [2]
« parlez lui de mon amour de fils pour lui... Nous
« ne tenons plus à ce que notre séjour à *La Chenaie*
« soit secret. »

[1] Ma sœur.
[2] Ancien aumônier du Lycée.

Cette lettre, fidèle esquisse de l'influence de M. de Lamennais sur la jeunesse, témoigne aussi des riches facultés de Léon Boré, de ses réelles qualités de cœur, mêlées toutefois, de jugements trop hâtifs. Combien cependant voudraient pécher ainsi et qui ne le pourraient. Il prit, quitta, reprit souvent ses amis, jamais par calcul égoïste ou perfide. Homme d'impressions prime-sautières excessives même, son premier mouvement fut toujours le bon ; l'autre n'arrivait, affaire de tempérament, que par caprice et comme d'une façon inconsciente. Le cœur bondissait en lui, se trompant assez souvent, mais avec loyauté toujours ; aussi l'aimions nous *quand même*. J'eus ma part de cette instabilité qui disparut devant une grande douleur [1]. Je ne vous en dirai pas davantage, chers enfants, ces quelques coups de crayon ici suffisent, d'autres écriront sa vie et les pages en seront belles ; ses traductions ont de la valeur. Dans le journal le *Monde*, du 3 mars 1883, vous trouverez sur Léon, une courte mais substantielle biographie tracée, de main magistrale, par M. Ernest Faligan. Mon ami, M. Léon Cosnier, en achève une plus étendue et que sa fine plume ne peut manquer de rendre intéressante. Léon Boré mourut le 21 février 1883 au domicile de son fils Eugène, rue du Commerce, près de la place des Halles, il était dans sa 77ᵉ année ; ses obsèques eurent lieu le vendredi 23 février dans l'église Notre-Dame,

---

[1] La mort de sa femme, dame Caroline de Moy, aussi distinguée d'esprit et de cœur que de naissance. Il l'avait épousée à Munich ; c'était la fille d'un respectable émigré français.

sa paroisse, mais il fut inhumé au cimetière de l'Ouest (la Doutre) près de sa femme dame Caroline-Geneviève de Moy. Le convoi était accompagné d'une délégation de professeurs de l'Université catholique, précédés du recteur Mgr Maricourt, tous en robes. Son fils et M. Gabriel Rogeron conduisaient le deuil. Les lettres de faire part portent :

« M. Léon Boré, ancien inspecteur d'Académie, « ancien professeur de faculté à l'Université, pro- « fesseur à l'Université catholique d'Angers. »

C'est dire assez que Léon mourut dans le sein de l'Église, comme, d'ailleurs, il y avait toujours vécu.

Si l'on peut s'honorer de notre parenté, chers enfants avec ce défunt, à plus forte raison en sera-t-il ainsi de son frère Eugène, prêtre d'élite par son savoir et ses vertus.

Eugène Boré.

Il avait moins d'éclat, mais quelle haute raison ! quelle solidité et quelle pénétrante intelligence, surtout pour l'étude des langues, aptitude toute spéciale et qui n'eut, dit-on, d'égale que celle du fameux cardinal *Mezofante*. S'il avait voulu faire le moindre effort, l'Institut se fut honoré de le compter dans ses rangs, l'épiscopat et la diplomatie dans les siens.

Personne n'eut mieux réussi dans le monde : taille hors ligne, bien prise, figure sympathique, élégantes manières, maintien réservé ; ajoutez à ces dons, les qualités d'un esprit supérieur. On s'en aperçut bien à ses succès de collège. Aucun ne réussissait mieux, aucun pourtant n'était plus modeste et modeste de bon aloi, aussi tous ses condisciples l'aimaient.

Le relief de ses succès éclata, lorsqu'au concours général des collèges, il remporta le grand prix ; notez qu'il eut pour concurrent celui qui devint Alfred de Musset ; il est vrai ce n'était pas en poésie : *suum cuique*.

Après de tels avantages, toutes carrières s'ouvraient, on le vit pencher vers l'étude du droit, mais la visite qu'il fit à La Chenaie, décida de sa vocation pour les lettres. Sous la direction de M. de Lamennais il mena de front, nous l'avons déjà vu, sept langues à la fois sans compter la sienne ; plus tard il en sut d'autres, notamment le turc moderne et aussi le turc ancien à la grande surprise des vieux osmanlis, j'en fus témoin à Constantinople en 1855. Le mécanisme des langues comparées n'eut plus de secret. Elles lui firent naître le goût des voyages, complément obligé. En possession de telles forces, car l'homme se multiplie par le nombre des langues qu'il sait, il se prépara longtemps d'avance à de lointaines courses en Orient, lointaines alors, bien courtes aujourd'hui. Instruire et s'instruire tel était son but, car par un échange réciproque de lumières il comptait mettre en œuvre toutes ses ressources au profit de l'Église : fortune, goûts, sciences, vertus et foi, bien qu'il fut encore laïque (le Saint-Père lui ayant émis l'idée qu'en cette qualité, vu sa situation, les peuples l'écouteraient mieux). En 1843, il revint à Angers et chacun de l'accueillir, ou plutôt on se l'arrachait. Il se faisait tout à tous, et nous n'avons pas oublié que, se trouvant dans la chambre où mon fils grelottait de fièvre, il se jette à genoux, se met en prière, sur la demande de ma femme... Le lendemain notre cher Hippolyte était mieux.

A douze ans de là, nous le lui présentâmes de nouveau, cette fois à Constantinople. Ailleurs nous avons décrit notre séjour en cette ville. Votre grand oncle Eugène, chers enfants, était alors supérieur du collège de Bebeck, sur les rives du Bosphore, et aumônier de MM. les Officiers français durant la guerre d'Orient (1855). C'est là que dans le magnifique hôtel de l'ambassade de Russie, nous assistâmes plusieurs fois à sa messe. L'autel improvisé s'élevait entre deux vastes fenêtres à travers lesquelles on apercevait la *Corne d'or*, la *mer de Marmara*, la *Pointe du Sérail* et les *Iles des Princes*. Quel fond de tableau d'où se détachait le pieux célébrant! La salle qu'il occupait était pleine d'officiers supérieurs blessés, mutilés et soignés durant l'office même, par les sœurs de Saint-Vincent. Plus d'une fois nous vîmes Boré à leur tête visiter les nombreux blessés des ambulances. On ne se fait pas l'idée de l'attraction que sa présence occasionnait; les Turcs eux-mêmes la ressentaient; ils le nommaient *Bebeck*, du nom de son collège, et encore *l'homme de la prière*. Boré le leur rendait bien, il les préférait aux Grecs, moins bons gardiens de leur parole dans les contrats. Il parlait des Turcs et des

7

Arabes avec plaisir et plus tard notamment de son entrevue avec Abdel-Kader, entrevue dans laquelle devisant en commun des choses du ciel et de ce monde, ils confondirent dans une même expression d'amour : Dieu et patrie !

Au petit prône qu'il faisait quelquefois à sa messe, son éloquence relevait plutôt de la sainteté jointe à la raison que de l'éclat d'une vive imagination. Sa parole s'insinuait, comme un parfum, douce et calme ; mais quel profit pour l'âme [1] !

Rappelé en France vers 1865, il quitta l'Orient avec un vif regret. « La côte d'Asie, me disait-il à Constantinople, je la vois depuis des années sans m'en lasser jamais. »

Les rives de la Seine n'eurent pour lui que l'attrait du devoir ; il venait d'être nommé secrétaire général de son ordre. Mais voilà qu'après la quatrième année depuis son retour de Constantinople les événements se pressent ; il avait vu l'Orient dans la splendeur du triomphe impérial, il va voir Paris assiégé, mitraillé par l'ennemi. Où était-il en ce moment ? A l'ambulance d'Arcueil, partageant la tâche charitable des Dominicains. Est-ce tout ? survient la Commune : Boré, quoique résidant alors à

---

[1] Cette sainte éloquence toujours pénétrante le fut un jour, vers 1843, à Angers, d'une façon remarquable sur le jeune Édouard Gasnier, élève de Saint-Julien. Cet enfant, à peine âgé de 11 ans, après avoir entendu Boré raconter ses voyages aux pays infidèles, prit la résolution de se faire missionnaire. Il tint parole et est aujourd'hui évêque d'Eucarpie, vicaire apostolique de la Malaisie. (Renseignements donnés par son ami B. Sommier, le 28 mai 1883.)

Arcueil, visitait fréquemment la maison de la rue
de Sèvres. Un jour que, tapi au fond d'un fiacre,
il franchissait la porte d'Orléans pour regagner son
ambulance, il se voit entouré de fédérés. Le commandant, libre-penseur, mais bon enfant, se dispose
à lui faire subir un examen de haut goût sur l'*into-
lérance du clergé*, l'*inquisition*, la *mort des templiers*,
la *Saint-Barthélemy*, etc., etc.

« Soit ! dit Boré, je suis à vos ordres, commençons par les dates.

« Diable ! les dates, dit le commandant, c'est pas
facile !

« Une seule, reprend Boré. » Le commandant se
trouble, les fédérés rient sous cape. La cause est
gagnée.

« Mais la liberté ??? rugit enfin l'homme aux trois
« galons.

« La liberté, mon ami, réplique l'abbé Boré, c'est
« l'ordre que vous allez donner de me laisser pas-
« ser... Allez cocher. »

Et là-dessus la voiture file [1].

Quelque temps auparavant (août 1868), il bénis-
sait à Tigné, dans la nouvelle église, le mariage de
son neveu Gabriel Rogeron avec demoiselle Aline
Peton, nièce de ma femme. Le lendemain il célé-
brait la messe dans la chapelle du château, restaurée
à l'étage de l'une des tours par les soins des propriétaires : M. et Mme Peton. L'autel de cette charmante petite chapelle, veuf du saint sacrifice depuis

[1] Voir la *Semaine des Familles*, du 18 mai 1878.

près de quatre-vingts ans et qu'étrenna, comme
évêque, Mgr Angebault, vers février 1863, emprun-
tait à la présence de celui-ci et à celle, plus tard,
du père E. Boré, un souvenir et des dates qui ne
peuvent désormais s'effacer.

Chers petits enfants, pendant que votre père et
votre mère habitèrent Paris, si le père Boré avait
un instant de libre, il le passait près d'eux, rue
Notre-Dame-des-Champs, n° 117, où il s'invi-
tait quelquefois, lui-même, à dîner et ce jour,
croyez-le, c'était fête au logis ! N'attendez pas de
moi un plus long récit, je ne fais point ici l'histoire
de cet illustre parent ; d'autres l'ont déjà faite et
d'autres encore s'en chargeront ; disons seulement
qu'il naquit à Angers le 15 août 1809, jour de l'As-
somption, sorte de date prédestinée, et qu'il mourut
à Paris le 3 mai 1878, successeur de Saint-Vincent-
de-Paul, ne l'oubliez jamais [1] ! Sachez aussi que de
tous les disciples de Lamennais, il fut le dernier
qui ne s'en détacha qu'après avoir tout essayé pour
le ramener à la foi, lui prodiguant sans cesse le plus
vif intérêt sans lui épargner, toutefois, ces austères
paroles : « Si vous êtes comme malgré vous dans
« l'erreur, l'Esprit-Saint aura pitié de vous, mais si

---

[1] Sœur Sidonie Benard, religieuse de Saint-Vincent-de-Paul, à
Paris, après le décès du Père Boré, sachant que nous lui étions
parents et liés d'affection, nous fit remettre comme marque
d'amitié : 1° une croix qu'il portait sur lui ; 2° un médaillon ren-
fermant de ses cheveux, etc., toutes choses qui pour nous, sont
de précieuses reliques. De son côté Mme Godard fut heureuse de
pouvoir offrir à Mme Brichet, mère, une photographie de son
vénérable cousin ornée d'une petite croix faite de ses cheveux.

« vous luttez contre sa lumière, craignez de mourir
« dans l'impénitence. »

Encore un mot sur Eugène Boré, il est extrait
d'une lettre du 12 février 1858, que M. Villemain,
de l'Académie française, me fit l'honneur de m'a-
dresser à l'occasion de mon ouvrage d'*Angers au
Bosphore.*

« J'y ai, dit-il, retrouvé un souvenir qui m'avait
« frappé dans votre récit, le portrait de M. E. Boré,
« ce religieux voyageur que j'ai connu et dont j'ad-
« mire depuis longtemps le courage et la science.
« Angers doit s'honorer d'un tel homme et lui
« donner des émules. »

Nota. — L'ambassade de Constantinople lui fut
offerte par M. Guizot, mais il la refusa.

Reprenons nos branches généalogiques.

DEUXIÈME BRANCHE

François GRIGNON-SANCIER, dit Grignon
de Douces

PREMIÈRE SOUS-BRANCHE

Madame MENIER DE BOURGUEIL

Dont M. Menier-Myrtil et Ernestine Menier.

DEUXIÈME SOUS-BRANCHE

Madame MENIER DE LA CHAPELLE

Dont deux fils, l'un curé, l'autre négociant, en Indre-et-Loire, à Liguæil.

TROISIÈME SOUS-BRANCHE

M. GRIGNON DE DOUCES, marié à Mlle SAMSON

De cette union sont issus :

Narcisse Grignon de la Gestrie, marié à demoiselle Berthe de Hillerin, le 1er mai 1860, à Luçon, dont deux fils et une fille. Mme Grignon de la Gestrie est nièce de M. l'abbé de L'Épinay, ancien député, et parente des principales familles nobles de la Vendée : de Croy-Chièvres, de Brem, de Chasteigner, de la Rochette, député de la Loire-Inférieure, de Fursac, etc., etc.

Mme Ballu de Méron, dont une fille Mme Gaston Pelletier.

QUATRIÈME SOUS-BRANCHE

Madame SEVET

Dont M. Sevet, ancien officier, marié à Mlle Nau et Mme Dumoustiers, de cette dernière une fille,

Mme veuve Hudault, dont un fils demeurant à Fontevrault.

TROISIÈME BRANCHE

GRIGNON (Angélique), mariée à GRIGNON (Pierre) à Doué.

PREMIÈRE SOUS-BRANCHE

GRIGNON, marié à M. FROGER.

Se rattachent par diverses alliances à cette sous-branche les Lehou-Demarets, Guionis, Barthélemy de Chadenèdes, Bourbeau, etc.

Extrait du faire part mortuaire de M. Prosper Lehou-Grignon, décédé le 28 août 1883, à Doué-la-Fontaine, dans sa 87e année.

DEUXIÈME SOUS-BRANCHE

GRIGNON, dit Planti, ancien officier.

Sans postérité.

TROISIÈME SOUS-BRANCHE

GRIGNON (Céleste).

Célibataire, bonne et pieuse fille, qui suivant la généalogie dressée par M. Charles Bruas, aurait élevé MM. Ruffin et Alexandre Grignon.

QUATRIÈME BRANCHE

GRIGNON Alexandre, marié à **Jeanne LUÇON**, fille de René Luçon, notaire à Beaufort, ledit Grignon, né à Louerre, le 8 avril 1741.

PREMIÈRE SOUS-BRANCHE

GRIGNON François-Pierre, dit Gagnerie, marié à demoiselle Calixte **BRUNEAU**.

De cette union est issu :

Alexandre Grignon, marié à demoiselle Laure Massot du Launay, dont : Ernest Grignon, maire de Louerre, conseiller général (secrétaire en 1883), membre de la Commission départementale, très versé dans l'administration, qu'il étudia sous son parent M. Pron, successivement préfet de la Sarthe, de la Manche, des Basses-Pyrénées et de Strasbourg. M. Ernest Grignon est marié à Mlle Le Couteulx appartenant à une famille noble de Normandie. Quatre garçons : Henri, Robert, Maurice et Pierre.

DEUXIÈME SOUS-BRANCHE

Monsieur GRIGNON

Décédé sans postérité.

TROISIÈME SOUS-BRANCHE

Madame BROUILLET

En sont issues :

Mme Guillot, dont trois filles : Mme Lemercier, Mme Gallard et Mme Aubry.

Mme Robineau (Eugénie), dont un fils Eugène Robineau décédé.

CINQUIÈME BRANCHE

GRIGNON (Jeanne-Renée), mariée à BRUNEAU (Pierre), à Cisay.

PREMIÈRE SOUS-BRANCHE

Mlle BRUNEAU, décédée en 1858, mariée à M. DAGE notaire à Angers, décédé en 1839.

En est issue :

Mme Arrault, dont : Édouard Arrault et Mme Marie Boutet.

DEUXIÈME SOUS-BRANCHE

M. BRUNEAU, notaire à Varennes-sous-Montsoreau, marié à demoiselle Augustine GRIGNON DU MOULIN, sa cousine germaine.

En sont issus :

Mlle Célestine Bruneau, mariée à M. Boutet, ancien président du tribunal de commerce de Saumur, ancien conseiller général, dont : 1° Camille Boutet, marié à Mlle Marie Arrault (un fils, Albert Boutet, licencié en droit, sous-lieutenant de réserve au 10° hussards); 2° Henri Boutet, chevalier de la Légion d'honneur, marié en premières noces à Mlle Marie Bineau, en deuxièmes à Mlle Jeanne Maigre (une fille, demoiselle Henriette);

2° M. Jules Bruneau, décédé célibataire.

Ici je m'arrête, chers enfants, pour mentionner spécialement Jules Bruneau, esprit d'élite, du plus charmant commerce, littérateur plein de promesse auquel il n'a manqué que la santé et une vie plus longue pour laisser des travaux d'une valeur délicate et sérieuse, ainsi qu'il est aisé d'en juger par les pages trop rares que ses amis ont publiées vers 1838 avec cette dédicace : *A la mémoire de Jules Bruneau*. Elles forment une brochure comprenant cinq articles tirés de la *Gerbe* : un tableau de *Murillo; Expiation;* l'*Homme de désir; Madame Récamier; Origène*. Si nous étions cousins germains, plus encore nous étions amis. Je garde ses nombreuses lettres en témoignage de notre réciproque affection.

Né à Varennes-sous-Montsoreau, le 27 février 1810, il décédait à Saumur, le 30 avril 1837, d'une maladie de poitrine qui le tourmentait depuis longtemps. Comment l'oublierais-je ? il mourut dans mes bras, lorsque revenant d'achever mon droit à Paris je pris, à son intention, la route d'Orléans plutôt que celle du Mans. Aussi sa bonne mère et Célestine sa charmante sœur me dirent-elles : *Il t'attendait pour mourir*.

Un ami commun l'artiste Alfred Menard, sous le charme de la belle tête de Bruneau, en fit un superbe portrait, que possède son neveu Camille Boutet. Une teinte de mélancolique souffrance régnait sur ses traits et semblait accroître leur délicate finesse. Il était lié d'amitié avec M. Louvet, devenu depuis ministre sous Napoléon III. Ensemble ils aimèrent à philosopher, à parler religion, aussi tous les deux, à plus de quarante années de distance, moururent-ils, après certains doutes dissipés, dans les mêmes sentiments d'amour de Dieu et de son Église.

Jules Bruneau était sourd et à l'occasion de cette infirmité, il lui advint une charmante petite aventure.

M. de Montalembert, je ne sais plus à quelle date, traversant Saumur, pour aller étudier l'église de Cunault, se souvint de Jules Bruneau qu'il connaissait, seulement, de réputation pour en avoir entendu parler comme étant un ami de la jeune école qu'illustra Lacordaire. Il frappe à sa porte, le garçon avertit mon cousin qu'un Monsieur de mine distinguée, mais coiffé d'une casquette de loutre et poudreuse, l'attend au bas de l'escalier. Bruneau et M. de Montalembert ne s'étaient jamais vus ; or, il arriva que M. de Montalembert lui présente une brochure. — Bien, se dit en lui-même Bruneau, c'est cela : un pauvre auteur qui n'en peut mais... et sans hésiter, il tire une pièce de cinq francs.. M. de Montalembert comprend le signe et crie de toute la force de ses poumons : le comte

de Montalembert ! Bruneau entend et faillit tomber
à la renverse.

De ce moment la glace fut rompue et Jules comptait un ami de plus parmi lesquels on distinguait
les Boré ses cousins, les deux Pavie, Cosnier (Léon),
Jourdain dit Sainte-Fci, l'abbé Jules Morel ; ce dernier ne fut pas sans avoir quelque rapport avec
Hippolyte Faultrier qui mourait le 19 mars 1837,
dans la même année que Jules Bruneau et aussi
d'une maladie de poitrine.

Après cette digression, il nous faut reprendre
nos notes généalogiques concernant les Grignon
(branche V, 3ᵉ sous-branche), où nous trouvons de
bien bons amis, dont plusieurs décédés, mais qui
n'en vivent pas moins en nous ; je veux parler de la
famille Bruas.

TROISIÈME SOUS-BRANCHE

Mˡˡᵉ BRUNEAU, mariée à M. BRUAS, notaire à Brain-sur-Allonnes.

En sont issus :

1º Charles Bruas, ancien notaire à Varennes ;

2º Auguste Bruas, notaire à Angers, marié à
Mˡˡᵉ Idrac-Commeau, dont : Auguste Bruas, décédé
le 26 décembre 1882 (voir aux notes) et Albert
Bruas, ancien procureur de la République à Cholet,
marié à Mˡˡᵉ Hochoc, dont Blanche et Roger.

Dans cette honorable famille deux belles situations se dégagent et que nous devons :

1° A Charles Bruas, maire de Brain-sur-Allonnes, vice-président du Conseil général et membre de la Commission départementale, charges où sa grande rectitude de jugement et son bienveillant esprit le distinguent parmi ses collègues ; candidat à la députation, s'il eut été nommé, la République manquait d'une voix pour être officielle : *habent sua fata ;*

2° A Albert Bruas qui malgré la certitude de faire, à raison de ses grandes qualités, un rapide chemin dans la magistrature, n'hésita pas à briser (provisoirement du moins) sa carrière de procureur de la République, afin de ne point s'associer au crochetage honteux du couvent des pères Trappistes de Bellefontaine.

Il peut être convaincu que la famille entière lui en garde une sérieuse reconnaissance comme aussi (par rapprochement naturel) à M. Marchenay, fils, qui n'a point hésité non plus à briser sa carrière d'officier, pour ne pas tremper ses mains dans une affaire du même genre.

Honneur à leur caractère !

La branche n° VI, son chef du moins, Louis Grignon, est loin d'avoir donné la même satisfaction.

En parler une seconde fois, c'est trop et cependant il le faut pour observer l'ordre généalogique.

Avant la Révolution, dans les familles nombreuses, c'était une coutume assez ordinaire de désigner deux enfants, l'un pour la *milice*, un autre pour le *sacerdoce*. Louis Grignon d'un tempérament vigoureux dut, de par la volonté paternelle, être soldat et le fut en effet, on sait trop ce qu'il devint.

Bornons-nous à le mentionner ci-après :

SIXIÈME BRANCHE

GRIGNON (Louis), le général.

« Tous les historiens, dit Port, s'accordent pour « faire de lui (Louis Grignon), sans plus de raison, « un grossier marchand de bœufs, même un bou- « cher. C'était en réalité un soldat retiré en 1792, « après 25 ans de services militaires, près le Puy-« Notre-Dame sur le domaine de Perdriau, qu'il « cultivait. »

Il eut trois demoiselles l'une mariée à M. Louis-Taud, secrétaire de la mairie de Saumur vers 1820, la seconde mariée à M. Cousineau, notaire au Puy-Notre-Dame, et une troisième qui fut longtemps gouvernante en Russie et mourut à Paris à l'abbaye au Bois.

SEPTIÈME BRANCHE

Augustin GRIGNON dit du Moulin.

Le chef de cette branche : M. Augustin Grignon du Moulin habita successivement *Louerre*, le *Pont de Varennes*, et alternativement *Saint-Georges-des-Mines* et la *ville de Doué*.

D'un premier lit il eut : M. Grignon du Moulin, propriétaire, décédé à Nantes, père de M. Gustave Grignon, célibataire, et de M. Achille Grignon, dont :

1° Achille Grignon du Moulin, juge à Saint-Nazaire, marié à Mlle Janvier de la Motte, fille du président du tribunal de Nantes et nièce de l'éminent avocat Eugène Janvier, dont la femme survivante possède un véritable talent de poète ;

2° Savinien Grignon du Moulin, négociant à Nantes, marié à demoiselle Patureau, fille du docteur Patureau, professeur à l'École de médecine de Nantes ;

3° M. Georges Grignon du Moulin.

Du second lit, avec demoiselle Louise Lehou [1], M. Augustin du Moulin, mon aïeul, eut : 1° Mme Courballay, née en 1781, morte en mai 1869 ; 2° Mme Bruneau, née en 1782, postérité placée à la branche n° V ; 3° dame Angélique Godard, ma mère, plus haut citée, de laquelle est issue ma sœur Angélina, mariée à M. Édouard Poitou, dont : feu Camille Poitou-Lécuyer, père de Marie-Anne et du jeune

---

[1] Louise Lehou, notre aïeule, fille du sieur Louis Lehou, de Saumur, et de Jeanne Bascher, était nièce de Symphorien Merceron. qualifié, dans son portrait au pastel, de bourgeois de Saint-Rémy-la-Varenne, né à Verrie, près Saumur, le 10 novembre 1725. Son portrait fut peint à Saint-Rémy, le 15 mai 1788. Se rattachent aussi à notre grand'mère, M. Denis Bascher, licencié ès-lois, fils de M. Denis Bascher, vivant procureur du roy au grenier à sel de Beaufort et Chambres de Saint-Rémy ; lequel a fondé des messes devant être dites en l'église des Carmes d'Angers pour ses feus père et mère, etc. A cet effet il légua 3,800 fr.

La plaque fut placée aux Carmes en avril 1669. (Voir au Musée Saint-Jean, le n° 112.)

Camille, demeurant à Nantes ; — dont encore un autre garçon décédé et A. Poitou.

D'Édouard est aussi née Marguerite, ma nièce, mariée à mon fils Hippolyte, né au Lion-d'Angers, le 24 mai 1839, avec lequel nous fîmes notre voyage en Orient (1855-1856), docteur en médecine (Faculté de Paris 1866) ; il habite à Angers 1868, est nommé médecin adjoint à l'hospice Sainte-Marie (concours de 1870). Le 16 novembre 1870 parti comme volontaire et commissionné par la *Société de secours aux blessés* (comité d'Angers) à titre de chirurgien de l'ambulance attachée au 5ᵉ bataillon de mobiles de Maine-et-Loire (77ᵉ régiment de marche, 1ʳᵉ brigade, 2ᵉ division, 18ᵉ corps) ; il fait avec ce bataillon la campagne de l'armée de la Loire et passe en Suisse avec cette armée ; reçoit au retour la *croix de bronze* et la *médaille d'argent* de la Société de secours aux blessés. En 1872, étant médecin adjoint à la maternité, d'Angers, il imagine le *procédé obstétrical de la ligature des membranes*, préconisé par le docteur Piachaud, de Genève, par les professeurs agrégés près la Faculté de Paris : E. Bailly (*Gazette des hôpitaux*, 1872) et Tarnier (séance de l'Académie de médecine, 21 février 1882), ainsi que par les docteurs Dezanneau et Farge (Société de médecine d'Angers, séance du 5 décembre 1881). Il eut, en 1874, une médaille d'or du Conseil général et à l'Exposition d'Angers de 1877, une grande médaille d'argent pour des dessins archéologiques très appréciés en Sorbonne ; est collaborateur de l'*Art* (revue illustrée de Paris). Au décès de M. Édouard Poitou, son beau-père, en 1880, la propriété des Bouillons lui étant échue il l'habite et fut élu maire de Tigné (janvier 1881).

De son mariage avec dame Marguerite Poitou, contracté en mars 1864, sont nés, chers petits amis, des enfants que vous connaissez bien :

1° André Godard, le 13 janvier 1865, à Angers, rue des Champs-Saint-Martin. André fut reçu en mai 1883, membre titulaire de l'Académie des poètes ;

2° Marie Godard, le 17 août 1869, rue de Bel-Air, décédée à Préfailles, le 5 juin 1876, et transportée à Angers au cimetière de l'Est ;

Alphonse Godard, le 26 juin 1871, à Angers, rue de Bel-Air ;

4° Marguerite Godard, le 4 septembre 1872, à Angers, rue de Bel-Air ;

5° Madelaine Godard, le 15 décembre 1873, à Angers, rue de Bel-Air ;

6° Yvonne Godard, le 22 août 1876, à la Chauvelaie, commune de Sainte-Gemmes-sur-Loire ;

7° Marie-Jeanne Godard, morte en naissant, le 8 juin 1883, à Tigné.

Revenons à mon grand-père Grignon du Moulin pour dire que des huit enfants de François Grignon de la Guiberdière et d'Anne-Marie Commeau, il fut désigné par l'autorité paternelle, comme devant entrer dans les ordres, ayant plus spécialement le goût des lettres. Il l'avait, en effet, mais de vocation point ! Aussi s'esquiva-t-il du Séminaire. Comment

8

retourner à la maison? Il n'y songea pas ou plutôt il songea trop bien à l'accueil qui l'attendait. Que faire? il va trouver l'évêque d'Angers, Mgr Jacques de Grasse, lui expose sa situation; le prélat de bonne humeur promet sa médiation auprès de la famille et le jeune homme revint au domicile paternel.

Augustin Grignon du Moulin ne tarda pas à prendre, comme ses frères, de grandes propriétés à ferme; il loua le Pont-de-Varennes, de M. de Foulon et en habita le château avec un nombreux domestique.

« M. de Foulon, m'a-t-il souvent répété, était « bon et affable; calomnié par la Révolution il en « fut la victime; Doué lui est redevable de ses fon- « taines et l'agriculture du pays, d'incontestables « progrès. »

Mon grand-père n'a jamais cessé de nous en faire l'éloge et de nous dire la peine vive qu'il avait ressentie en apprenant l'injuste mort que la populace avait fait subir à M. de Foulon.

Vers 1796, M. Grignon habitait encore le Pont-de-Varennes et était maire de Rochemenier. Ce fut vers cette époque qu'il eut à soutenir un siège en règle contre une trentaine de malandrins dits : *brûleurs de pieds* qui vinrent en pleine nuit entourer le château. Ils avaient des chevaux chargés de mannequins vides qu'ils espéraient remplir. Le Pont-de-Varennes est entouré d'eaux vives et de fossés assez profonds, en ce temps-là du moins; mais les *chauffeurs* savaient qu'une petite porte restait à

peu près constamment ouverte et c'était de ce côté
qu'ils s'apprêtaient à pénétrer dans l'une des cours ;
ils avaient compté sans leur hôte qui n'était cependant qu'une jeune fille. La veille elle avait eu l'heureuse idée de verrouiller la petite porte, entendant
chaque jour parler de brûleurs.

Bien lui en prit, ils ne purent forcer l'ouverture
sans bruit. Qu'arrive-t-il ? Les chiens aboyent,
éveillent maître et domestiques qui s'emparent de
toutes armes : fusils de chasse, pistolets, fourches,
broches à rôtir ; on sonne l'alarme, trompes et cors
de chasse retentissent, vacarme partout ; peu après
le tocsin sonne à Denezé, à Rochemenier, les habitants accourent, les misérables prennent peur, s'en-
fuient au galop et la petite Louise par sa présence
d'esprit sauva le château.

Cette petite Louise, chers enfants, était notre
bonne tante Courballay.

Augustin Grignon était un esprit réglé, bienveillant, judicieux ; aussi, le consultait-on dans les
affaires épineuses.

Le préfet Montault-Desilles, frère de l'évêque
d'Angers et qu'on unissait ensemble, sous les
noms de *Moïse* et d'*Aaron*, allusion à la double
charge qu'ils accupaient, faisait grand cas de la
judiciaire d'Augustin Grignon du Moulin qui le
24 prairial an VIII recevait du préfet l'ampliation
suivante :

« Le préfet au citoyen Grignon du Moulin. Je
« vous adresse citoyen extrait de l'arrêté du premier

« consul en date du 12 de ce mois qui vous nomme
« à la place de conseiller du troisième arrondisse-
« ment de ce département (Saumur).

« Votre civisme et vos talents vous ont mérité
« cette preuve de la confiance du gouvernement; ils
« sont garants que vous la justifierez.

« Je n'ai qu'à m'applaudir d'avoir un collabo-
« rateur d'un mérite et d'une moralité aussi dis-
« tingués.

« Je vous salue.

« Signé : Montault-Desilles. »

La même justice était rendue à M. Grignon du
Moulin de la part d'honorables personnes d'une
opinion différente, mais qu'il serait superflu de
nommer ici.

M. Grignon du Moulin faisait partie du collège
électoral de 1815. Moins de trois cents électeurs
formaient alors ce collège du département de Maine-
et-Loire ; la liste du 17 août 1815 est signée : de
Wismes.

Qu'on était loin alors du suffrage universel,
quels extrêmes ! L'esprit public, en France, va toujours ainsi. Il ne peut garder l'équilibre.

Sur cette liste nous trouvons encore d'autres
noms de parents : M. Boreau de la Besnardière
(Pierre-Lezin-Urbain) ; Faultrier de la Clergerie
(Claude-Mathurin-Jérôme), votre aïeul ; Bancelin
(Esprit-Benjamin) ; Merlet, maître des requêtes.

Cette digression achevée, il nous reste à mentionner la branche n° VIII.

HUITIÈME BRANCHE

GRIGNON (Nicolas), à Concourson.

PREMIÈRE SOUS-BRANCHE

M. GRIGNON DE BOUILLÉ, Lorist (Deux-Sèvres) marié à Mlle MARQUIS-CAFFIN.

De cette union sont issus :
Mme Bridier, dont quatre fils.
M. Grignon, ex-maire, marié à Angers à demoiselle Bourdon, demeurant à Douces, dont trois enfants, savoir : deux filles et un fils.

DEUXIÈME SOUS-BRANCHE

M. GRIGNON, de Concourson, marié à une demoiselle DUBOIS.

Décédé sans postérité.

SOUCHE GRIGNON-COMMEAU

Quant aux familles Ponceau et Haudeville, elles vous sont parentes, chers petits-enfants, du côté d'Anne-Marie Commeau mariée en 1734 à François

Grignon de la Guiberdière, souche des huit branches Grignon, précédemment décrites.

La généalogie Commeau, que possède M. le docteur Ponceau, remonte à Mathurin Commeau, né le 10 décembre 1645, mort le 19 décembre 1705, septième fils de Pierre Commeau et de Catherine Gaume, ces derniers mariés à Rablay, vers l'an 1629.

Un dossier intitulé : « Succession de Crussol » fait remonter plus haut l'origine de cette famille, ce dossier renferme des pièces où on lit que plusieurs Commeau furent inhumés dans l'église de Coutures, notamment en 1638, 1640, 1653, 1658 et 1705. Le nom de cette famille était autrefois très répandu en Anjou, notamment à Baugé et sur les territoires de Blaison, Gohier, Chemellier, Coutures et Rablay.

Se rattachent aux diverses branches de ce nom :

Demoiselle Charlotte de Saint-Offange, 25 février 1670 ;

Sieur Commeau, juge à Baugé.

Un autre Commeau, marié avec Marie-Angélique Poilpré (8 avril 1788), de même famille que les Poilpré-Prevost et Poilpré-Faultrier, mentionnés plus haut.

Sieur Joseph Commeau de la Giraudière, né le 5 mars 1711, dont est parvenue Mlle Élise Commeau, mariée à M. Guérin du Grand-Launay, dont : Adolphe du Grand-Launay, marié à Mlle Hébert de Soland, dont : Arthur du Grand-Launay, mari de Mlle de Bois-Aubin ;

Dame Ponceau, née Marie-Michelle Commeau, dont : *Fréderic*, *Élisa* et le docteur *Théodore Ponceau*, marié à demoiselle Caroline Haudeville, veuve de M. Bougarel ;

Demoiselle Marie Commeau, mariée à Pierre Rogeron de la Gaignardière.

Sieur Louis-Laurent Commeau, dont : Claude-Marie Commeau, mariée à M. Haudeville, dont : Hippolyte Haudeville et demoiselle Caroline Haudeville ;

Sieur Joseph-Antoine Commeau du Verger, marié à Louise Coutard, dont : demoiselle Adèle Commeau, épouse de M. Idrac, dont : Adèle Idrac, mariée à M. Auguste Bruas, notaire, dont deux enfants Auguste et Albert, mentionnés à l'une des sous-branches Grignon ;

Demoiselle Louise-Claude-Renée Commeau, mariée à Michel Baudron, père de demoiselle Baudron, mariée à M. Grégoire Bordillon ;

Sieur Pierre Commeau des Roches, négociant.

En résumé l'on trouve dans les branches nombreuses du nom de Commeau :

1° POUR LE SACERDOCE, trois prêtres :

François Commeau, né le 2 janvier 1708, curé de Tigné ;

Antoine-Guillaume Commeau, curé de Saint-Vandrille (Normandie) ;

Nicolas Commeau, curé de Saint-Maur et ensuite le 29 avril 1711, de Coutures ;

2° Pour le militaire :

Léonard-René Commeau, adjudant officier, che-
valier de la Légion-d'honneur, tué à la butte Mont-
martre, le 30 mars 1814 ;
Victor Commeau, brigadier de cuirassiers ;
M. Haudeville, général de brigade [1], marié à
Claude-Marie Commeau ;

3° Pour la magistrature :

Un sieur Commeau, juge à Baugé (xvii° siècle) ;
Un sieur Mathieu Montouchet-Commeau, procureur fiscal ;
Un sieur Commeau, marié avec Marie-Angélique
Poilpré (8 avril 1788), déjà cité ;
M. Pierre Rogeron de la Gaignardière, sénéchal
de la châtellenie du prieuré de Saint-Rémy-la-Varenne ;
M. Ponceau, père, président du tribunal de Beaupreau ;
M. Hippolyte Haudeville, juge au tribunal civil
d'Angers, homme d'une rare distinction que son
portrait, peint par Bodinier, rend avec éclat ;

4° Pour le négoce :

Le sieur Louis Laurent, juge consul au palais
des marchands d'Angers, et son gendre M. Haudeville, tous deux déjà mentionnés. Ils établirent, en
Reculée, dans l'ancienne maison des Capucins, une
importante manufacture de toiles peintes ;

[1] Port le qualifie d'adjudant général chef de brigade.

5° Pour l'administration :

Le sieur Joseph Commeau, demeurant à Coutures à la Fontaine, ancien receveur au grenier à sel de Brissac ;

M. Grégoire Bordillon, préfet de Maine-et-Loire, du 27 février 1848 au 22 août 1849, marié à Mlle Baudron, parente aux Commeau par sa grand'-mère Louise-Claude-Renée Commeau, déjà mentionnée ;

6° Pour les lettres :

Le sieur Pierre Commeau qualifié dans son diplôme de *clericus juratus*, *immatriculatus* et *licentiatus* de l'Université d'Angers ; il se fait recevoir en 1734 *magistrum artium liberalium*, c'est-à-dire afin de parler français : *maître ès art*, degré correspondant à ce qu'on nomme présentement docteur ès lettres ;

7° Pour les sciences :

Le docteur Théodore Ponceau vivement pressé, en 1837, d'accepter à l'École de médecine d'Angers la chaire d'*histoire naturelle*. J'ai sous les yeux une lettre d'Orfila où on lit à son adresse : « Il faut aussi « que vous sachiez qu'en acceptant l'enseignement « de l'histoire naturelle, vous rendrez service à « l'École. » Le moyen de refuser ! Et cependant malgré la haute valeur d'une pareille sollicitation il hésite et ne commence son cours qu'au mois d'avril 1838. Durant plus de sept années il le fit avec succès.

S'il fut aimé et apprécié des étudiants, il ne l'est pas moins aujourd'hui de ses administrés. Maire de Gohier, près de Blaison, il mène sa petite commune, non seulement en administrateur zélé, mais en homme de cœur, partageant son temps entre l'étude, l'agriculture et de bons conseils aux malades. Son savoir pratique et ses talents sont à la disposition de qui les réclame.

Son château, au pied d'un coteau et voisin de la Loire, est, dans les beaux jours, le rendez-vous d'amis délicats et lettrés.

A toutes les époques l'air est si pur en ces lieux qu'on semble n'y pas vieillir. Les beautés de l'horizon y charment spécialement l'artiste : M. Tancrède Abraham en sait quelque chose lui que ce ravissant pays de Blaison sut inspirer.

Et maintenant, chers enfants, afin de compléter la liste des parents auxquels vous vous rattachez, il convient de passer à la famille Poitou.

Mais auparavant, encore une digression ! Je vous ai parlé d'un dossier intitulé : *Succession de Crussol;* je l'avais perdu de vue, revenons-y donc.

Existait, dans le Languedoc, une famille de ce nom, branche des ducs d'Uzès ; eut-elle avec les Commeau d'Anjou des liens d'affinité ? Il le faut croire puisqu'un certain émoi de succession s'est manifesté parmi les branches Commeau, dès avant la Révolution et même encore en 1834[1]; de là recherches généalogiques sur recherches; le dossier en est plein. La branche favorisée devait être celle dans laquelle se trouverait un sieur Toussaint Commeau, marié à Anne Chaussepied de 1615 à 1625.

La branche Commeau de Baugé fit cette preuve, s'il faut en croire cette note du dossier : « Pierre-« Marie Commeau et Marie-Angélique Poilpré ont « hérité de la succession de Crussol. »

Voilà, chers enfants, tout ce qu'il m'a été possible de retirer de cet écheveau mêlé.

---

[1] Lettre d'une dame veuve Lami, de Baugé, adressée, en date du 16 mars 1834, à M. Commeau, maire de Gohier.

FAMILLE POITOU

~~~~~~~

La famille Poitou à laquelle se rattache la famille Beaumont, sur les paroisses de Tigné et de Saint-Georges-des-Mines, entre la propriété de la *Touche* et celle de la *Rifarderie* [1], occupait, de temps immémorial, le rang de ce qu'on nommait autrefois *gens de moyen estat.*

Cette bourgeoisie rurale qu'élevaient, dès avant la Révolution, certaines charges, depuis continua souvent à se distinguer par les fonctions de conseiller municipal, d'adjoint, surtout de maire et

---

[1] Vieille propriété de famille aux mains de M. Victor Beaumont, ancien contrôleur, qui a su créer dans sa charmante maison de ville, une élégante collection de tableaux, statuettes, faïences, etc., tous objets bien en rapport avec les goûts artistiques qui font l'agrément de sa vie. Sa sœur, Mlle Ernestine, a épousé M. Matignon, frère du célèbre prédicateur.

c'est ce qu'a fait à Tigné M. Poitou de *la Touche*, le grand-père, durant plus de trente-cinq ans et ensuite son petit-fils M. Édouard Poitou des *Bouillons* pendant plus de trente ans [1], sans compter qu'un autre petit-fils M. Charles Poitou, sur la commune de Feneu, se fait également apprécier comme maire et à Angers comme président du Conseil d'arrondissement [2]. Mais il en est un troisième qui mérite une mention spéciale. Vous devinez, chers enfants, votre oncle Eugène Poitou, fils d'un magistrat, juge à Segré ; il suivit la même carrière ; et comme on le savait capable de gagner rapidement ses éperons, il fut, d'emblée, nommé substitut à Laval, chef-lieu de Cour d'assises en 1840. Il ne tarda point à passer au siège plus important du Mans, et vers 1842 à Angers où plus tard il entra dans les rangs de la magistrature assise, en qualité de juge d'abord et vers 1856 de conseiller à la Cour d'appel. Assurément, n'était sa constitution frêle et délicate, comme il arrive souvent aux natures d'élite, il eût

---

[1] Édouard Poitou a fait bâtir, de 1848-1849, les Bouillons, où il eut l'honneur de recevoir en février 1863 Mgr Angebault, en 1868 le Père Boré, et le 2 mai 1872 Mgr Freppel. Il obtint dans un concours une médaille d'or pour la belle installation de ses vignobles, celliers et pressoirs. A son décès (17 juin 1880) ses enfants ont donné cette médaille à M. Bastien Coullebeau, l'homme de confiance de leur père ; il en était digne.

Édouard Poitou, détourné de la carrière des armes vers laquelle ses premiers goûts l'avaient porté, sut trouver dans la longue administration de sa commune un autre but à son dévouement. Dieu sait quelles sympathies le récompensèrent de cette tâche modeste et parfois pénible !

[2] Charles Poitou, ancien contrôleur, président de la Société du cercle agricole, a de son mariage avec Mlle Brouhard de Boullongne deux enfants : Charlotte et Maurice.

pu légitimement prétendre à s'élever davantage ;
mais s'il resta cloué sur son siège de conseiller, il
prit son essor vers les hautes régions de la littéra-
ture et de la philosophie.

De bonne heure, il avait eu le goût des lettres,
ses succès au collège en témoignent. Et comme
l'écrivait M. Camille Bourcier [1], « son activité intel-
« lectuelle ne trouvant plus à se satisfaire dans les
« fonctions de la magistrature, il revint avec
« bonheur, aux études de sa jeunesse. » Études
charmantes qui toujours l'aidèrent à supporter ses
souffrances ; personne ne comprit mieux le proverbe
antique : Point de vie sans les lettres ! Aussi avec
elles et le concours des êtres chéris qui l'entou-
raient, la douleur s'atténua souvent et ses succès
à l'Académie française ne furent pas sans y con-
tribuer.

Il eut en 1852, pour son éloge de *Bernardin de
Saint-Pierre* la mention honorable ; en 1855 il obtenait le prix d'éloquence pour *son discours sur Saint-
Simon ;* son éloge de *Vauvenargues* eut l'accessit
en 1856 ; enfin son travail *du Roman et du Théâtre
contemporain*, fut en 1857 couronné par l'Institut.

M. Lair, conseiller à la Cour d'appel, et M. Camille Bourcier, président de Chambre, ont soigneu-
sement énuméré les autres publications de M. Poitou
le premier dans le *Correspondant*, le second dans la
Revue de l'Anjou, je vous y renvoie. Ils ont constaté l'incessant progrès de votre oncle vers le

---

[1] *Revue de l'Anjou,* mars 1880, page 98.

dogme chrétien qu'il avait un peu délaissé dans ses études philosophiques, mais sans avoir jamais abandonné la claire lumière du spiritualisme ni la croyance à un Dieu personnel et vivant.

On a pu même voir qu'il répugnait, de moins en moins, à l'adoption du surnaturel et qu'il n'avait qu'un pas à faire pour rentrer par la raison et la grâce, en plein christianisme.

Ce pas il le fit sans effort.

« Jusqu'à la fin, dit M. Lair, il voulut employer « ce qui lui restait de force et de vie, à s'élever de « plus en plus vers la vérité et la vertu. La grâce « divine ne pouvait descendre dans une âme plus « profondément chrétienne... En s'inclinant devant « le prêtre dont il avait lui-même réclamé les con- « solations, il ne fit qu'obéir aux plus profondes « croyances de sa raison et au besoin suprême de « son cœur. Le prêtre éclairé qui l'avait assisté ne « put s'empêcher de dire en le quittant : C'est une « belle âme ! »

De mon côté, chers enfants, je tiens à honneur de vous reproduire ici ce que j'avais écrit sur votre regretté parent, dans un numéro de la *Revue de l'Anjou* :

« Les lettres, disais-je, viennent de faire une perte « sérieuse dans la personne de M. Eugène Poitou, « décédé le 1ᵉʳ février 1880, à Toulon. Depuis long- « temps sa délicate constitution l'obligeait trop « souvent à s'éloigner de l'Anjou, pour aller cher- « cher un plus doux climat. Rarement il en revint « sans une riche moisson; c'est ainsi que : *un Hiver*

« *en Égypte* et *un Voyage en Espagne* parurent à la
« suite de tournées faites en ces curieuses régions.
« On le voit, malgré ses souffrances, il utilisait son
« temps, car sa belle intelligence ne pouvait de-
« meurer en repos ; le travail était sa vie ; aussi que
« d'excellentes pages sont sorties de sa plume. En
« philosophie, il appartenait à l'école spiritualiste
« et jamais que nous sachions, il ne cessa d'être
« correct à l'égard de l'Église, ce foyer de toute
« morale et des plus hautes aspirations vers un
« avenir meilleur. Il en fut récompensé à l'heure
« suprême où les yeux se fermant aux choses de la
« terre, s'ouvrent à l'éternelle lumière. Il ne pou-
« vait manquer d'en être éclairé ; son grand respect
« de l'enseignement chrétien, la droiture de son
« âme et une conduite qui ne s'est jamais démentie,
« lui méritèrent cette heureuse fin, si consolante
« pour sa famille et ses amis. D'autres diront ce
« qu'il fut, comme magistrat, comme écrivain,
« comme moraliste et philosophe. Il y aura, de ce
« côté, une ample moisson à recueillir. C'est assez
« pour nous d'en délier un épi. »

Du mariage de M. Eugène Poitou avec Mlle Fourier, fille de M. Fourier, ingénieur en chef, sont
issus : Mlle Lucie Poitou, épouse de M. Pèdre
Champoiseau, ancien consul à Raguse, ancien sous-
préfet, dont six enfants ; et Mlle Valentine Poitou,
mariée à M. Lamotte, ancien zouave pontifical, dont
un fils.

Il est un autre défunt de votre famille, chers
enfants, auquel je désire aussi consacrer quelques

lignes, je veux parler de Camille Turpault, docteur
en droit, avocat à la Cour d'appel d'Angers, qui par
son aptitude, son savoir, son travail assidu, sa foi
solide et raisonnée n'eut pu manquer de faire un
intègre et digne magistrat.

Enlevé tout jeune à sa famille si pleine de charité
envers l'Église et les pauvres, il laissa derrière lui
d'autant plus de regrets qu'il avait plus d'avenir, et
couronnant sa vie par une mort édifiante il vous
laisse, chers petits amis, un parfait modèle à suivre.
Vous n'y faillirez pas.

Sa digne mère, née Beaumont, qu'il avait tant
aimée, vient de le rejoindre en mai 1883.

Son frère Paul Turpault, allié par sa femme à
une ancienne famille de la Vendée, successivement
conseiller municipal de Cholet et maire de Nuaillé,
s'occupe de mettre à profit les connaissances variées
qu'il s'est acquises en agriculture.

Chers enfants,

Voilà pour le passé et le présent de vos familles ;
que sera l'avenir? fort triste sans Dieu! au contraire avec lui, conduite, espoir et confiance!

Ajoutez-y le travail assidu si bien caractérisé par
votre frère dans la strophe suivante, que j'extrais
de la *Revue de la Poésie*, Paris, septembre 1883 :

A l'œuvre, lève-toi ; c'est une loi profonde
Que le bonheur se cache au fond d'un dur travail ;
L'ennui voluptueux énerve le sérail ;
C'est debout qu'il faut vivre et mourir en ce monde!

V. GODARD-FAULTRIER.

NOTES

~~~~~~~

Lettre de BANCELIN au premier consul, par laquelle on voit la fière et démocratique indépendance des chouans de l'arrondissement de Segré.

« Le 7 janvier 1800 (17 nivôse an VIII).

« Ce n'est point, » lui dit-il, « par des menaces
« que vous pourrez contraindre ce peuple indomp-
« table à accepter vos conditions. César l'a tenté et
« n'a pas réussi. Ces hommes, que l'histoire gran-
« dira, jugent leurs chefs avec impartialité. Ceux
« qui veulent pactiser à tout prix sont condamnés à
« leur tribunal et, pour tranquilliser leur pays, *c'est*
« *moins aux généraux qu'il faut s'adresser qu'aux*
« *paysans eux-mêmes.* Avec vos projets d'Italie,
« citoyen premier consul, il est impossible d'entre-
« tenir dans l'intérieur le chancre qui a dévoré tant
« de belles armées à la république ; il faut le guérir
« à tout prix ; mais j'ai besoin d'une autorisation

« complète. Il faut que je puisse traiter avec eux
« comme la Convention traita avec Charette. Les
« deux parties contractantes sont en plus belle posi-
« tion ; elles doivent donc être aussi exigeantes.
« Donnez-moi carte blanche et, comme il n'y a pas
« eu encore de coups de fusil tout peut s'ar-
« ranger. »

A la lecture de cette lettre, Bonaparte envoya
dans l'Ouest ses aides de camp, Lacuée et Duroc,
pour aviser aux moyens d'empêcher la reprise
d'armes. (Extrait de l'ouvrage de l'abbé Deniau sur
la Vendée.)

Auguste BRUAS.

Comment passer sous silence ce brave garçon si
sympathique et si distingué qui, malgré son origi-
nalité ou plutôt à cause d'elle, fut profondément
regretté de tous ceux qui le connurent ?

Sa conversation pleine de cordialité était riche
en aperçus se référant aux beaux arts ; il en parlait
avec goût, mais à la condition qu'un tiers étranger
ne survînt pas.

A son retour d'Italie qu'il avait appréciée en con-
naisseur et nullement avec l'ordinaire banalité des
touristes, il conçut l'idée de faire un grand travail,
sorte d'inventaire des œuvres des principaux
artistes. Autour de lui il entassa matériaux sur matériaux, Pelion sur Ossa, et finit par en être littéra-

lement muré ; sa trop grande méfiance de lui-même
l'eut empêché, d'ailleurs, de les mettre en œuvre et,
sa timidité lui faisant perdre dans ce dédale le fil
d'Ariane, le rendit inquiet et soucieux. Avec plus de
confiance en ses forces il eut réussi, le chagrin le
prit et il mourut à la peine.

Je n'oublierai pas que peu de jours avant son
décès, luttant contre une faiblesse extrême, il tint à
nous faire sa dernière visite. Il nous affectionnait
vivement, nous le lui rendions bien.

Mort le 26 décembre 1882 à Angers, son corps
fut transporté à Brain-sur-Allonnes, pour être
inhumé près de ses vieux parents et non loin de
l'habitation où tant d'honorables souvenirs de famille, se perpétuent dans la personne de son oncle
Charles Bruas, maire bien-aimé de sa commune.

Noces à Carqueron en 1787.

Assistons, par la pensée, à un mariage qui se fit
en 1787 dans la chapelle de Carqueron ; hélas ! mariage de revenants, mais qui fera passer sous vos
yeux, chers enfants, plusieurs parents du côté de
votre grand'-mère Arsène Faultrier. J'extrais ce qui
suit d'un procès-verbal que je possède :

« Le trente et unième jour de mai mil sept cent
« quatre-vingt-sept, etc.
« Nous, vicaire soussigné de la paroisse de Saint-

« Michel-du-Tertre d'Angers, d'après la permission
« qui nous a été donnée par messire de Sainctou,
« curé de la paroisse (du Lion-d'Angers), *avons*
« *donné la bénédiction nuptiale dans la chapelle du*
« *château de Carqueron,* situé en cette paroisse, *à*
« *maître Mathurin-Louis-Marie Jousset, sieur de la*
« *Grifferaye, avocat en Parlement, conseiller du roy,*
« *président au siège du grenier à sel de Candé,* fils
« majeur de maître Pierre-Élisabeth Jousset, pré-
« sident honoraire, présent et consentant, et de
« feue dame Françoise Bessin, son épouse, d'une
« part :
   « Et *Anne-Gabrielle Prevost de la Marsillière, fille*
« *majeure de feu M. René Prevost, vivant seigneur*
« *de Carqueron, et de dame Marie-Jeanne Poilpré*
« présente et consentante, d'autre part ; suivent les
« signatures :
   « Anne-Gabrielle Prevost ;
   « Marie-Jeanne Poilpré, veuve Prevost ;
   « L. Jousset-Legris ;
   « J.-B. Prevost de Carqueron ;
   « Thérèse-Marguerite Prevost ;
   « Prevost femme Jallot.
   « Marie-Adelaïde Faultrier de la Coudre ;
   « Jeanne Faultrier-Bancelin ;
   « Bancelin ;
   « Bancelin, vicaire [1]. »

Voici tout à l'heure cent ans que ces honorables

[1] M. Bancelin est mort curé de Saint-Nicolas de Saumur

parents assistaient au repas de noces donné dans la grande salle occupée maintenant par nos braves fermiers avec lesquels, chers enfants, nous aimons à faire table commune quand nous allons à Carqueron ; vieil usage à conserver.

M. GARREAU.

Ce que fut M. le docteur Garreau, on le sait naturellement moins en Anjou que dans la Mayenne, à Laval et à Changé où il décéda le 5 août 1883, âgé de 56 ans.

Plus de quinze cents personnes de tous rangs et de tous les partis assistaient à son inhumation ; comme légionnaire il avait droit à un piquet d'honneur à Laval, mais à Laval seulement ; toutefois le général prit sur lui d'envoyer ses soldats jusqu'à Changé, distant de quatre kilomètres du chef-lieu. Une pareille exception et un si nombreux et solennel convoi ne se font pas au premier venu. Je vous dois donc, chers petits enfants, quelques mots sur cet honorable parent ; je les écris sans ordre et comme ils me viennent à l'idée.

M. Louis Garreau était conservateur au meilleur sens du terme ; on lui a reproché quelques vivacités de langage qui s'expliquent fort bien en matière politique ; il avait l'emportement des fortes convic-

tions ; ses inégalités d'humeur tenaient à sa nature
rebelle à toute monotonie, ses brusqueries aux
vives saillies de son esprit. Si ces défauts ne sont
pas des qualités, ils en approchent de près. Ses exi-
gences de malade étaient de celles qui cherchent et
trouvent dans une compagne chérie, comme une
seconde providence. Elle l'était, en effet, la femme
gracieuse et dévouée dont le cœur ne tarissait pas
d'affectueuses délicatesses, à tous les instants et
dans tous les lieux du Midi où il se rendit en quête
de la santé.

Elle seule put combler, par ses grandes qualités,
le vide du foyer ; Garreau adorait les enfants ; pour
eux il eut été on peut le dire, sans banalité, un père
modèle ; mais reportant ses affections sur des
neveux et des nièces dignes de ses générosités, il
s'en dédommagea. S'il n'eut pas la paternité du
foyer, il eut celle des pauvres ; les hôpitaux de
Laval en savent quelque chose et ne sont pas près
d'oublier le legs qu'il vient de leur laisser. De son
vivant il leur avait donné mieux encore, je veux
dire ses soins, son amour et sa vie ; ce fut-là je ne
dirai pas son théâtre, le terme serait impropre, mais
l'asile où durant vingt-six ans, il exerça d'une façon
remarquable et dévouée ses rares talents de chirurgien.

Si par affection pour ses vieux parents, il n'eut
pas voulu quitter Paris en 1857, Garreau eut été
un maître à la faculté de médecine. Sur sa fosse
une parole autorisée a rappelé ses succès et notamment qu'il avait dans un concours d'internat obtenu

la première place sur MM. Lefort, Tarnier, Parrot, depuis professeurs à la faculté de Paris, Bailly, de Montpellier, médecin des hôpitaux de la même ville et Aubin, docteur-médecin à Rennes.

Autre mérite ! Cet homme d'un si vaste savoir comprit, de bonne heure, qu'il y avait au-dessus de lui une science plus vaste encore, la science de Dieu, aussi sans ostentation, comme sans respect humain, affirma-t-il sa croyance à l'Église avec une fermeté digne des anciens jours. Sa foi était naturellement si vive en ces derniers temps que par suite d'un changement de chambre il se plaignait qu'on eut oublié ses armes ; il appelait ainsi le crucifix, le chapelet de son père et l'Imitation de Jésus-Christ ; il ne pouvait s'en séparer.

Pendant ses grandes crises de suffocation, il demandait son Christ en disant : « C'est lui qui m'aide à souffrir. » Il le rendait ensuite à sa femme en ajoutant : « Voilà celui qui te consolera. »

(Renseignements de Mme Texier et de dame Françoise Gruget.)

———

Général GENET.

Alexandre-Honoré-Joseph-Eugène Genet, né à Niort le 30 mai 1812.

Entré à l'École polytechnique le 18 novembre 1830.

Sorti de l'École de Metz le premier de la promotion de 1832, comme lieutenant de génie.

Capitaine le 1er octobre 1834.

Chef de bataillon le 4 juin 1852.

Lieutenant-colonel le 24 décembre 1858.

Colonel le 13 août 1863.

Général de brigade le 11 octobre 1870.

Mis au cadre de réserve le 31 mai 1874.

En Algérie du 5 avril 1835 au 31 mai 1838.

A fait partie des expéditions de Mascara, de Tlemcen, sous les ordres du maréchal Clauzel.

Au combat de Sidi-Embarech et de la Tafna.

Expédition et occupation de Médéah, sous les ordres du maréchal Clauzel.

Opérations militaires dans la Mitidja.

Action d'éclat et citation à l'ordre de l'armée par le général Rapatel à la suite des combats des 15 et 16 septembre 1836, devant Blidah.

Expédition et retraite de Constantine du 13 novembre au 1er décembre 1836.

A l'attaque de vive force tentée contre la porte de de Bab-el-Djédida dans la nuit du 23 au 24 novembre, attaque par le Condiat Ati. Il alla avec ses sapeurs déposer les sacs à poudre sous la porte même, reçut une fusillade à bout portant et fut contusionné au bras par une balle.

Opérations militaires et attaques dirigées à Paris contre l'insurrection boulevard Beaumarchais et faubourg Saint-Antoine les 25 et 26 juin 1848, sous les ordres des généraux Lamoricière et Perrot.

Aux fortifications de Paris.

Nommé secrétaire de la commission mixte des travaux publics le 10 mars 1856.

Nommé secrétaire du comité des fortifications le 2 décembre 1859.

Nommé directeur du génie à Alger le 20 mai 1865.

Nommé commandant supérieur du génie en Algérie le 11 octobre 1870.

Chargé en mai 1871, par le gouverneur général de l'Algérie, d'organiser la défense de Bougie bloquée par les Kabyles.

Nommé membre du comité des fortifications le 26 avril 1872.

Inspecteur général en 1871, 1872, 1873.

Chevalier de la Légion d'honneur le 6 avril 1845, de la main même du roi Louis-Philippe.

Officier le 27 décembre 1861.

Chevalier de l'ordre de Saint-Maurice et Lazare de Sardaigne le 10 décembre 1860.

Commandeur de la Légion d'honneur le 21 août 1869.

Élu membre du Conseil général de Maine-et-Loire, pour le canton de Doué-la-Fontaine, le 4 novembre 1877.

Qu'ajouter à ces états de service? Si ce n'est la mention d'un noble caractère, encore bien qu'il n'ait pas toujours été à l'abri de certaines préventions contre la forme monarchique. M. Genet fut républicain à la manière du général Trochu, sans hostilité contre le clergé qu'il respecta toujours; il ne cessa jamais d'être chrétien sincère et pratiquant; ce n'est pas lui qui eut inventé la tyrannique loi des écoles, véritable brandon de discorde jeté à la face des pères de famille ; ce n'est pas lui qui eut dit : « Vous *l'appliquerez jusqu'à la prison.* » Dans vos quatre familles, chers petits enfants, il ne se trouve personne capable de prononcer cette infamie, le général Genet moins que tout autre, car nul ne fut plus respectueux des droits de l'autorité paternelle, plus vigilant sur la conduite des jeunes étudiants qu'on était si heureux de lui confier.

Votre père, chers enfants, l'a bien appris lorsqu'étant élève à Paris, il eut l'avantage d'être reçu avec son cousin et ami G. Rogeron dans la famille Genet aussi pieuse que distinguée.

Au témoignage de votre père je ne puis qu'ajouter notre reconnaissance.

FAMILLE GODARD.

NOTE SUPPLÉMENTAIRE

Godard, Charles, d'Honfleur...

Étienne Godard, fils du précédent, né à Honfleur en 1769, mort en 1841, époux de Gabrielle-Louise Gardin du Hulé, fille de Pierre-Gilles Gardin du Hulé, ancien procureur du roi à Saint-Domingue, et de Ursule Gauchier, créole de Saint-Domingue.

Étienne Godard, fils des précédents, né à Honfleur en 1806, mort à Paris en 1878, époux d'Henriette Sebire, fille de Max Sebire, capitaine adjudant major d'infanterie, et de Alexandrine Gardin du Hulé.

Étienne Godard, fils des précédents, né à Ablon (Calvados) en 1846, mort dans le grand-duché de Luxembourg employé de chemin de fer de ce duché.

Louise Godard, fille de Étienne Godard et de Louise-Gabrielle Gardin du Hulé, née à Ablon (Calvados) en 1812, épouse de Alphonse Du Breuil, fils de Guillaume Du Breuil, conservateur du Jardin des Plantes de Rouen, et de Marie-Anne-Victoire Le Noir, né à Rouen en 1811. (Voir à la *Notice explicative.*)

Marie Du Breuil, fille des précédents, née à Rouen en 1838, épouse de Jules-Eutrope Berthonnière, ancien chef de bureau au chemin de fer d'Orléans, dont quatre enfants : Juliette, Louis, Gabrielle et Raymond.

Gabrielle Du Breuil, fille de Alphonse Du Breuil et de Louise Godard, née à Rouen en 1842, mariée à Aloys Douillet, fils de Joseph-Éloi Douillet, président du tribunal civil de Bourgoing (Isère), et de Pauline Chevalier, né à Bourgoing en 1823.

Pierre Godard, fils de Charles Godard, né à Honfleur, marié à Anne Legris, dont : Clémence et Joséphine, décédées.

Victor Godard, né à Honfleur, marié à Angélique Grignon du Moulin. (Voir au texte.) Les branches

Godard comptent encore comme cousins, plus ou
moins éloignés, les familles Henry, Hébert, puis la
famille Hamelin, si distinguée dans la marine.

Note explicative des travaux agronomiques de M. DU BREUIL.

OUVRAGES PUBLIÉS

Cours d'arboriculture (1846) cinq volumes comprenant les matières suivantes :

1° Études préliminaires de l'arboriculture ; 2° Culture intensive des arbres fruitiers, dans les jardins
fruitiers ; 3° Culture des vignobles des arbres à
fruits, à cidre et des cultures arbustives dans le
Midi ; 4° Culture des arbres et arbrisseaux d'orne-
ment ; 5° Création et entretien des plantations
forestières, des haies vives, boisement des talus.

Cet ouvrage arrivé à la septième édition a été
adopté par l'Université, couronné par les Sociétés
d'horticulture de Paris, de Seine-et-Oise et de la
Seine-Inférieure. Traduit en Angleterre, aux États-
Unis, en Allemagne, en Italie, en Espagne et en
Russie ; l'empereur de Russie a accordé à l'auteur
la grande médaille d'or des savants étrangers.

*Instruction élémentaire sur la conduite des arbres
fruitiers*, un volume (1854), neuvième édition. Couronné par la Société centrale d'horticulture de
France.

Traité élémentaire d'agriculture, fait en collaboration avec M. Girardin (1850), deux volumes, troisième édition.

Collaborateur du *Dictionnaire général des sciences*, par Deschanel et Focillon, pour tous les articles d'arboriculture (1859).

Collaborateur de l'*Encyclopédie pratique de l'agriculture* de MM. Moll et Gayot, pour les articles d'arboriculture (1864).

Collaborateur des *Cent traités de l'instruction pour le peuple*, pour les articles arboriculture, sylviculture, jardin potager (1847).

Divers mémoires et notes concernant la *Physiologie végétale* (1847, 1848, 1851, 1873).

ARBORICULTURE

Récolte et conservation des fruits (Journal d'agriculture pratique, 1850).

Du soufrage dans les vignes contre l'oïdium (Revue horticole, 1851).

Laps de temps qui doit s'écouler entre la plantation des jeunes arbres fruitiers et leur première taille (Société d'horticulture de la Moselle, 1854).

Projet de loi sur l'enseignement de l'horticulture en France (1848).

AGRICULTURE

Considération sur l'enseignement de l'agriculture dans la Seine-Inférieure (Société d'agriculture de la Seine-Inférieure, 1836).

Divers mémoires publiés en collaboration de M. Girardin (1839, 1840, 1841, 1843, 1847).

Professeur de culture à Rouen de 1835 à 1849.

Professeur d'agriculture à l'École d'agriculture de la Seine-Inférieure de 1838 à 1849.

Professeur d'arboriculture au Jardin des Plantes de Rouen de 1842 à 1849.

Préparateur du cours d'agriculture au Conservatoire des arts-et-métiers et chargé du cours d'arboriculture dans cet établissement, de 1850 jusqu'à ce jour. Cet enseignement fait pendant vingt-six ans sans traitement.

Nommé par le ministère de l'agriculture, professeur d'arboriculture dans les Écoles d'agriculture de l'État et dans les départements, de 1852 jusqu'à ce jour. Cet enseignement a été porté successivement dans quatre-vingts départements. Dix médailles d'or ont été offertes au professeur, pour ses cours, par les Sociétés d'horticulture et d'agriculture.

Chargé en 1853, par le ministre des travaux publics, d'un enseignement nomade sur la création et l'entretien des plantations des routes et canaux, des boisements de talus, des haies vives, etc., pour le personnel du service des ponts-et-chaussées. Ce cours a été fait jusqu'à présent dans cinquante-quatre départements.

Professeur d'arboriculture du département de la

Seine (1862); création et direction pour la ville de Paris d'une École pratique d'arboriculture à Saint-Mandé, dans le parc de Vincennes. Cette école occupe une surface de six hectares.

Professeur d'arboriculture à l'Institut national agronomique depuis 1876.

TITRES HONORIFIQUES

Chevalier de la Légion d'honneur (1870).

Lauréat de la Société centrale d'agriculture de France. (Grande médaille d'or, 1876.)

Renseignements donnés par M. Ernest GRIGNON, conseiller général.

Les plus anciens Grignon constatés par contrats, sont :

1° Grignon, Alexandre, demeurant à Doué, marié à Marguerite Lambeteur, demeurant à la Grésille, paroisse d'Ambillou ; leur contrat de mariage est du 15 juillet 1692, on y mentionne les bagues, joyaux et apports de noces ;

2° Grignon, Alexandre, qualifié d'honorable homme, veuf en premières noces de Renée-Marie Bascher et en secondes de Magdeleine Belouin ; le contrat de mariage en secondes noces est du 29 juillet 1715, Mme Grignon de la Gesterie, née de

10

Hillerin, possède le portrait de cet Alexandre
Grignon;

3° Grignon, François, marié à Marie Commeau
de Gohier ; leur contrat de mariage est du 21 juin
1734, dont quinze enfants, mais huit seulement
venant à partage.

Comme ils sont longuement mentionnés dans le
courant du texte il devient inutile d'en dire davantage.

HUOT, lieutenant-colonel.

Henri Huot, né en 1821, entré à l'École polytechnique en 1840, élève de l'École d'application
d'artillerie, capitaine d'artillerie en 1851 puis chef
d'escadron, a fait les deux sièges de Paris, le premier au fort d'Issy, le second *contre* le fort d'Issy,
alors entre les mains des communards. Sa batterie
était installée dans le bois de Meudon.

Nommé lieutenant-colonel à cette époque. Il a
pris sa retraite en 1874.

Bien avant la Révolution on trouve un M. Merlet,
notaire au Pont de Trémont; il avait épousé une
demoiselle Gendron, elle aussi de vieille famille.
(Communication de Mme G. Rogeron.)

M. MERLET, préfet de la Vendée.

Le département de la Vendée, après l'établissement du régime consulaire [1] ne fut pas pourvu
d'une administration civile, aussitôt après la pro-
mulgation de la loi de pluviôse an VIII. La Vendée
fut maintenue sous l'autorité militaire. Le Maine-
et-Loire, au contraire, avait été immédiatement
pourvu d'un préfet : M. Montault-Desilles, originaire de Loudun.

Ce fut seulement l'année suivante, en l'an IX [2],
que M. Merlet fut nommé préfet de la Vendée. Ses
lettres de service furent transmises au préfet de
Maine-et-Loire chargé de les lui adresser. M. Montault s'empressa de dépêcher un exprès à M. Merlet
qui résidait alors au Pont-de-Varennes, et il rendit
compte de cette mission au ministre de l'intérieur,
en l'informant que M. Merlet était malade de la
fièvre, et qu'il se rendrait à son poste dès que sa
santé le lui permettrait, c'est-à-dire pensait-il dans
dans la huitaine. La copie de cette lettre existe dans
la bibliothèque annexée au cabinet du préfet [3], elle
fait partie d'un gros registre relié en parchemin où
sont copiées à leur date les correspondances échan-
gées entre le préfet et les ministres, relativement à
l'administration générale et à la police.

[1] novembre 1799.
[2] 9 frimaire an IX.
[3] De Maine-et-Loire.

M. Merlet s'installa à Fontenay-le-Comte, la ville
la plus importante du pays, en attendant la construction de Napoléon-Vendée [1] où l'empereur avait
décidé d'installer le chef-lieu du département. Pour
surveiller les travaux et hâter l'exécution des maisons bâties en pisé, le préfet s'installa dans un château voisin : c'est là qu'il résida pendant la durée
de son administration [2] car la préfecture ne fut
inaugurée, après son achèvement, que par son successeur M. de Barante. (Communication de M. Jules
Merlet, le 7 juin 1883.)

Baron MERLET,

Né le 17 février 1836, à Luigné, canton de
Thouarcé (Maine-et-Loire), fils de Camille et de
dame Virginie Ruffin, marié le 21 avril 1874 à
demoiselle Marie-Marguerite Jure.

Sous-lieutenant le 1er octobre 1861, 15º de ligne.

Lieutenant le 10 août 1868, 15º de ligne.

Capitaine le 7 octobre 1870, 106º de marche.

Campagnes. — Contre l'Allemagne du 18 juillet
1870 au 7 mars 1871 (siège de Paris).

[1] Auparavant la Roche-sur-Yon.
[2] Huit années. Napoléon, sous le préfectorat de M. Merlet,
donna trois millions pour achever les édifices de Napoléon-
Vendée. (*Dictionnaire de Bouillet.*)

A fait partie du corps expéditionnaire de Tunisie du 31 juillet 1881 au 2 mars 1883.

Décorations. — Chevalier de la Légion d'honneur le 1ᵉʳ février 1881.

Officier de l'ordre du Nichan Iftikhar le 29 chaaban 1299 (14 juillet 1882).

Baron PINOTEAU.

Pierre-Armand-Alphonse Pinoteau, né le 12 avril 1828 :

Élève de l'École polytechnique de 1847 à 1849 ;

1ᵉʳ octobre de cette dernière année sous-lieutenant d'état-major à l'école de ce nom ;

1ᵉʳ janvier 1852 lieutenant d'état-major (camp de Satory) ;

28 février 1854 capitaine d'état-major ;

De 1854 à 1855 fait partie de l'armée d'Orient ;

Durant son stage de cavalerie au 6ᵉ cuirassiers, une blessure à la main l'empêcha de prendre une part aussi active qu'il l'eut voulu à la guerre, mais il est décoré du Metjidié pour travaux topographiques ;

1859, aide de camp du général Niel à l'armée d'Italie ;

Dans la première partie de cette campagne (corps Baraguay-d'Hilliers) il fut touché au combat de Marignan, ce qui lui valut la croix de chevalier (décret du 20 juin 1859) ;

Durant la deuxième partie de la campagne dans la garde impériale, il assiste à la bataille de Solférino et gagne la médaille du mérite militaire ;

La paix rétablie, il travaille au dépôt de la guerre et occupe successivement la place d'aide de camp auprès de plusieurs généraux d'armes : Fririon, L'Heureux, etc., etc.

Passe le 15 août 1870 à la division d'Exea (corps Vinoy) remplissant les fonctions de sous-chef d'état-major ;

De Paris se rend à Reims le 25 août 1870 participant aux opérations faites autour de cette ville et du 26 août au 3 septembre sur l'emplacement du camp de Châlons ;

Du 4 au 8 septembre bat en retraite de Reims sur Paris, assiste aux affaires de Creteil, et de Montmesly les 17 et 30 septembre ;

Chargé de porter à des troupes trop exposées l'ordre de se replier sur Creteil, seul dans l'étendue d'un kilomètre sur la grande route de Paris à Bâle, est constamment exposé au feu incessant des Prussiens retranchés à Montmesly ; son cheval est blessé ;

21 et 28 octobre prend part à plusieurs combats d'artillerie en avant de Maisons-Alfort sur le chemin de fer de Lyon ;

Chef d'escadron le 10 octobre 1870, *au choix*, après deux propositions aux combats des 17 et 30 septembre « perdant ainsi, malgré sa part active

« à la guerre, une vingtaine de rangs qu'il n'eut pas
« perdu en temps ordinaire, étant le plus ancien
« capitaine de l'arme depuis le désastre de Sedan ;
« mais alors des grades étaient donnés même à des
« officiers qui se trouvaient à l'autre bout de la
« France, loin de l'ennemi ; »

Sous-chef d'état-major général du 3ᵉ corps
(d'Exea) devenu ensuite 2ᵉ corps de la 2ᵉ armée de
la défense de Paris commandée par le général
Ducrot ;

Remplit de la sorte les fonctions de colonel, assistant dans cette position aux batailles de Villiers et
de Champigny les 30 novembre et 2 décembre 1870,
à de petits combats entre Bondy, Groslay et Saint-
Denis le 21 décembre, au bombardement de Paris
du 27 décembre 1870 au 29 janvier 1871.

Ces combats sans nombre autour de Paris alté-
rèrent singulièrement sa santé. Rentré souffrant
dans la capitale il ne la quitte cependant qu'après la
capitulation et à peine convalescent est évacué sur
Périgueux.

Nommé officier de la Légion d'honneur (7 février
1871).

La paix conclue, il remplit des emplois de son
grade de commandant d'état-major à Tours de 1871
à 1873 et à Limoges de 1873 à 1874. A cette époque
il croit, afin de veiller à l'éducation de ses enfants,
devoir prendre sa retraite (vingt-cinq ans suffisaient
alors).

Nos défaites multipliées, coup sur coup, avaient
jeté le désarroi dans les rangs de l'armée où se

firent d'incroyables passe-droits ; de jeunes officiers ayant moins de services et de campagnes que de plus anciens non moins vaillants, leur furent préférés ; le commandant Pinoteau dont toutes les décorations avaient été gagnées sur les champs de bataille en fut affecté ; trop indépendant pour se plaindre, trop fier pour se courber, il préféra se démettre. Ce n'est pas de lui qu'on pourrait dire que les officiers d'état-major sont des officiers de salon.

Aussi viennent, ce qu'à Dieu ne plaise, de nouveaux dangers pour le pays, « le commandant, « m'écrivait Mme Pinoteau, sera toujours prêt à « rentrer dans un poste quelconque le jour où la « France aurait besoin de ses services et de son « patriotisme. »

Thérèse - Gabriel POILPRÉ.

ARCHIVES DE LA COUR D'APPEL

Liasse VIII, pages 23 et suiv.

Procès-verbal des personnes suspectes, en arrestation au Séminaire. — 7 germinal. — District de Segré.

Segré ce germinal l'an II de la République une et indivisible.

L'agent national du district de Segré,

Aux

Membres du comité de surveillance et révolutionnaire d'Angers.

Citoyens,

Je vous envoie dix-huit particuliers du district de Segré, suspects et qui n'ont pas peu contribué aux troubles qui agitent le district. Vous voudrez bien les tenir et envoyer dans une maison d'arrestation.

Vous trouverez ci-inclus la liste de leurs noms et les causes qui les ont fait arrêter par les municipalités comme suspects.

Salut et fraternité,

CH.....

Personnes suspectes envoyées à Angers le 7 germinal.

11. La veuve Faultrier de Louvaines et Jaillette, suspecte par son fanatisme, a reçu les prêtres réfractaires ; par son exemple, ses discours, *et l'influence qu'elle avait, par le bien qu'elle faisait dans le pays,* a entraîné les habitants de la commune dans le fanatisme.

A Segré, le 7 germinal l'an II de la République une et indivisible.

CH.....

Liasse X, pages 27 et suiv.

Du 7 germinal. — Interrogatoires de dix-huit individus suspects des communes du Lion, Marans, Segré, Gené, etc...

Les hommes sont à la Citadelle.
Les femmes au Séminaire.

Commune de Segré. — *Interrogatoires des individus arrêtés au Comité révolutionnaire de Segré, ce jour.*

10. Veuve Poilpré-Faultrier, vit de son bien, demeurant à la Jaillette, commune de Louvaines, 65 ans.	Aristocrate fanatique.

(Sans date ni signature.)

Interrogatoires du Grand-Séminaire.

Du 19 germinal an II, séance du soir.

76. Thérèse Poilpré, veuve de Claude-Joseph Faultrier de Louvaigne (*sic*) et la Jayette, district de Segré (voir le procès-verbal du district de Segré), âgée de soixante-sept ans.

Arrêté par nous soussignés,

LEPETIT, OBRUMIER, fils, GOUPPIL, fils, LEDUC.

(Renseignements dus à M. Queruau-Lamerie.)

———

A la page 87 du livret nous lisons :

« Mᴵˡᵉ Louise Boré, mariée à M. Frédéric Ro-
« geron, fils d'un ancien magistrat de Beaufort. »

Cet ancien magistrat, nommé *André-Maurice Rogeron*, mérite une mention spéciale. De 1787 jusqu'à la Révolution, il remplit les fonctions de sénéchal près du Tribunal de Beaufort. (Le sénéchal de droit était *Monsieur*, comte de Beaufort, devenu plus tard Louis XVIII.).

André Rogeron est désigné dans divers contrats sous le nom de *Conseiller du roi* et de *Monsieur, lieutenant particulier civil au siège royal de la sénéchaussée de Beaufort, premier juge à cause de la vacance de sénéchal.*

Ce fut lui qui, en 1789, rédigea les cahiers de réforme pour le comté de Beaufort, cahiers qui furent présentés aux États-Généraux, par M. Lorier, de La Ménitré.

A la Révolution, André Rogeron, craignant d'être inquiété à cause de ses opinions royalistes, vint habiter Angers où il vécut ignoré pendant à peu près toute la tourmente. Pourtant, un jour il fut découvert et requis d'accompagner, muni d'une pique rouillée, la déesse Raison, à l'une de ses promenades processionnelles par les rues d'Angers. Le commandement de : « *Citoyens, haut la pique,* » était le signal du départ. Il fallut bien obéir, mais, durant la marche, il fut saisi d'un tel sentiment de honte et de dégoût, qu'oubliant toute prudence, il profita de la proximité d'une ruelle pour s'esquiver. Heureusement cette désertion passa inaperçue et il ne fut pas trop inquiété.

Plus tard, sa place de juge lui a été remboursée, mais en assignats qui avaient perdu la moitié de leur valeur.

(Renseignements dus à son petit-fils, Gabriel Rogeron.)

Croix de Sainte-Anne à Tigné et croix des Bouillons.

On n'abat pas les croix à Tigné. Sur un terrain donné par M. Peton, ancien conseiller général, sa fille, Mme Texier, se souvenant des pieuses intentions de sa mère, vient d'ériger une croix, à l'angle de deux chemins, dans un carrefour solitaire, vers l'ouest du bourg.

Le dimanche 23 septembre 1883, après vêpres, eut lieu la bénédiction. Fidèles sur deux rangs sortent, en très grand nombre, processionnellement de l'église, puis croix en tête, *échelettes* en avant, se rendent au carrefour ; Mlle Marie Texier portait la bannière blanche que son aïeule maternelle avait autrefois donnée à l'église, et sa jeune cousine, Louise Rogeron, tenait l'un des cordons ; c'était fête paroissiale et fête de famille.

M. le curé Boisard eut, dans son discours, d'heureux à-propos. Du pied de la nouvelle croix, il pria ses paroissiens de ne pas oublier les donateurs.

En pleine campagne, par un soir d'automne, le simple degré du plus humble calvaire vaut mieux souvent pour inspirer l'orateur, que la chaire même en pleine église.

Vingt années auparavant, semblable cérémonie, chers petits enfants, s'était effectuée également à Tigné sur la propriété *des Bouillons*, appartenant à votre grand-père, M. Edouard Poitou. M. Vivion, son ami, alors curé, avait fait la bénédiction.

Ce sont là de touchantes fêtes qui ne laissent jamais place au remords, place au regret; tout au contraire, elles ont l'art d'apaiser, par un grand calme dans l'âme, les inquiétudes du cœur et les tourments de l'esprit.

Nous arrive un dossier de lettres d'un grand intérêt, mais trop tard, car selon l'expression de Vertot, notre *siège est fait*; cependant nous ne résistons point au plaisir de les mentionner d'une façon sommaire; elles seraient dignes d'un dépouillement spécial et nous ne doutons pas qu'un jour ou l'autre elles ne servent au travail qu'entreprend M. Faligan sur les Boré.

Ces curieuses lettres, à l'adresse de Léon, prouvent assez la considération dont il jouissait auprès des hommes éminents que nous allons citer.

Je crois devoir mentionner leurs lettres dans l'ordre où nous les avons trouvées au dossier :

De Mgr Pavy (Louis-Antoine-Augustin), évêque d'Alger, lettres des années 1844, 1846, 1849 et 1851.

De F. Lamennais, lettres des années 1838, Paris, à L. Boré.

On lit :

« Monsieur, les derniers mots de votre lettre
« m'ont fait plaisir, autant pour vous que pour moi,
« car si j'excuse ce qui peut ne tenir qu'à la vivacité
« du caractère je ne saurais estimer les cœurs qui
« oublient. »

En outre une sorte de projet de lettre datée de
La Chenaie, 9 septembre 1834, à M. Lerminier,
mais qui ne semble pas de l'écriture de M. de Lamennais, quoique la teneur soit conçue dans le
sens de ses dernières pensées.

« Je n'ai point, y est-il dit, rompu avec l'Église ;
« je n'ai point imité Luther et je ne l'imiterai
« point... »

Du duc de Cador (de Champagny), lettre à
L. Boré, Paris, 3 décembre 1841.

Il y est question de Msr l'évêque de Babylone qui
se chargerait des commissions de L. Boré à son
frère E. Boré qu'il va bientôt rejoindre en Orient.

De Mignet, 4 août, lettre où il est mention de
l'*éloge historique de Schelling* qu'il doit prononcer.

De M. de la Touche, maire d'Angers, lettre du
10 mars 1848, à L. Boré, professeur d'histoire au
lycée d'Angers.

M. de la Touche applaudit à la résolution de
L. Boré de faire un cours public et gratuit de leçons
sur l'histoire moderne pour la classe ouvrière.

De M. Louvet, deux lettres datées de Saumur,
l'une du 11 avril 1839, à L. Boré, alors professeur

au collège de Juilly ; l'autre du 1ᵉʳ avril 1840, au même, alors professeur d'histoire à Angers.

J'y remarque ce passage :

« Présente mes amitiés respectueuses à ta femme. « Je n'ai fait que l'entrevoir il y a deux ans. Elle « m'est apparue alors comme un ange, bien beau et « bien saint, jeté à tes côtés par la Providence. »

Du comte Théodore de Quatrebarbes, deux lettres l'une du 27 décembre 1847, et l'autre du 24 février 1849.

A la fin de la première, on lit :

« Mon cher Léon, traitez-moi, s'il vous plaît, avec « moins de cérémonie ; réservez *M. le Comte* pour « l'adresse, les phrases amicales pour la lettre ; ne « soyez *pas classe moyenne des pieds à la tête*, mais « bien un peu plus de *toutes les classes* puisque vous « reconnaissez encore des classes en 1847. . . .

. . . .

« Si je vous disais que je suis de la classe noble « des pieds à la tête, vous me diriez que c'est par- « faitement ridicule et vous auriez raison, croyez- « moi, au milieu de la corruption qui nous entoure, « du scepticisme qui flétrit tous les caractères, de « l'égoïsme qui ne rêve que jouissances matérielles « il vaut mieux donner la main, malgré quelque « différence d'opinion, à tout ce qu'un même lien « unit *quand même :* l'amour de la France, de Dieu « et de la liberté ! »

De M. Villemain, ministre de l'instruction publique, Paris, 10 juillet 1843, à M. L. Boré, le chargeant d'une mission littéraire en Allemagne.

De Mgr d'Orléans, trois lettres de l'an 1876, à L. Boré.

Dans l'une desquelles on lit :

« La page que je viens de lire de vous sur le « baron d'Ekstein dans la *Défense sociale et reli-* « *gieuse* ajoute au grand regret que j'ai eu de ne « pas vous voir... Je voulais vous parler de votre « belle *Vie de Jeanne d'Arc* et vous demander si « vous ne songez pas à la faire réimprimer. »

De M. de Carné, trois lettres à L. Boré, l'une du 24 novembre 1833 et deux autres sans dates.

Il y est question notamment des moyens de soutenir l'excellente revue le *Correspondant*.

De Mgr l'évêque d'Amiens, sans date.

On y lit :

« Si vous voyez M. de Falloux soyez assez bon « pour lui dire le regret que j'ai eu de ne pouvoir « pas aller à Paris, pendant les quelques jours qu'il « y a passés. J'espère que Dieu lui rendra la santé. « Nous avons si grand besoin de lui. »

Du P. A. Gratry, six lettres dont une seule est datée (17 juin 1841), à L. Boré, professeur d'histoire au collège royal d'Angers.

On y lit :

« Mon cher Boré... Notre devoir est de faire « pénétrer le ciel dans toute la terre : sans cela « l'homme n'est plus le prêtre du Très Haut. C'est

« là ce qui me préoccupe sans cesse, aussi je n'y
« renonce point ; j'espère arriver à un collège mo-
« dèle où le bien régnera autant qu'il peut régner
« dans une maison terrestre composée d'enfants,
« d'enfants fournis par la société d'aujourd'hui... »

De Cyprien Robert, ancien professeur au collège
de France et ancien collaborateur de la *Revue des
Deux - Mondes*, voyageur angevin. *Trente et une
lettres* dont *trois* seulement *datées*, toutes adressées à
L. Boré, qu'il qualifie de *frère*. Il y est question de
la mort du jeune Charles Boré en ces termes :

« Mon Léon, ta lettre du 6 juillet est devant moi,
« elle me remplit de toute l'affliction qui pénètre
« ton cœur... tant qu'on reste sur terre on continue
« de porter le tombeau de l'être perdu. Combien je
« t'aime dans ta douleur ! Combien je te trouve
« admirable dans ta résignation ! Car qu'est-ce que
« l'homme parfait si ce n'est l'homme vertueux cru-
« cifié ?

« Oh ! la douleur est saine à l'âme, tu retrouveras
« ton Jean-Charles. »

Voilà pour le cœur.

Et pour la science, que de charmantes choses il
écrivait à Léon : Voir ses lettres inédites de Vienne,
du Pyrée, de Moskou, de Constantinople, de Rome et
de tous les coins de l'Europe. Elles ont le charme
d'une incroyable tendresse et d'un savoir profond.
On y trouve parfois une douce pointe de critique à
son Léon :

« Je remarque, lui écrit-il, de plus en plus com-

11

« bien ton style a gagné depuis quelques années en
« concision, force et logique. Je te dirai cependant
« qu'il me semble parfois trop peu orné et tend çà
« et là à la sécheresse... Il est vrai que c'est le
« défaut de l'auteur même que tu traduis et il est
« difficile de mettre dans la traduction ce qui
« manque à l'original. »

Enfin d'Eugène Boré, soixante-quinze lettres
écrites de l'Arceau, près d'Angers, de Baden, de
Berne, de Bebek, de Constantinople, de Smyrne,
de Paris, etc., etc., allant de l'année 1836 à 1870.
Personne encore, je crois, n'a puisé dans ce trésor
appartenant à M. E. Boré-Guibourg, qui a bien
voulu nous l'ouvrir. A lui donc notre vive reconnaissance.

V. G.-F.

FAMILLES

~~~~~~

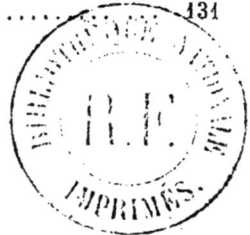

ANGERS, IMPRIMERIE LACHÈSE ET DOLBEAU.

www.ingramcontent.com/pod-product-compliance
Lightning Source LLC
Chambersburg PA
CBHW072036080426
42733CB00010B/1917